乡村振兴战略与实施方法研究

王丽丹　李　渊　著

中国商业出版社

图书在版编目(CIP)数据

乡村振兴战略与实施方法研究 / 王丽丹，李渊著
. -- 北京 : 中国商业出版社，2024.3
ISBN 978－7－5208－2880－2

Ⅰ. ①乡… Ⅱ. ①王… ②李… Ⅲ. ①农村－社会主义建设－研究－中国 Ⅳ. ①F320.3

中国国家版本馆 CIP 数据核字(2024)第 058342 号

责任编辑:朱丽丽

中国商业出版社出版发行
(www.zgsycb.com 100053 北京广安门内报国寺 1 号)
总编室:010－63180647 编辑室:010－63033100
发行部:010－83120835/8286
新华书店经销
北京虎彩文化传播有限公司印刷
*
787 毫米×1092 毫米 16 开 7.5 印张 133 千字
2024 年 3 月第 1 版 2024 年 3 月第 1 次印刷
定价:45.00 元
* * * *
(如有印装质量问题可更换)

前　言

随着城市化进程的加速，我国农村地区的发展面临一系列挑战。为了实现全面建设社会主义现代化国家的目标，乡村振兴战略应运而生。乡村振兴战略是我国为推动农村经济、社会、文化和生态全面发展而提出的重大战略，旨在解决城乡发展不平衡、农村发展不充分的问题。实施乡村振兴战略，不仅有助于提高农村居民的生活质量、促进农村产业转型升级，还能为我国经济社会的持续发展注入新的活力。

本书从乡村振兴战略规划指标入手，阐释了乡村振兴战略的原则与意义，着重对乡村产业振兴、乡村生态振兴进行了分析与研究，并对乡村振兴战略的创新实践进行了深入剖析。希望本书在乡村振兴战略与实施方法研究方面能够为读者提供参考与借鉴。

本书主要汇集了笔者在工作、实践中取得的一些研究成果。在撰写过程中，笔者参阅了相关文献资料，在此，谨向其作者深表感谢！

由于笔者水平有限，加之时间仓促，书中难免存在一些不足和疏漏，敬请广大读者批评指正。

王丽丹　李　渊

2024 年 1 月

目　录

第一章　乡村振兴战略概述

第一节　乡村振兴战略规划指标

一、产业兴旺

(一)产业结构优化

乡村产业结构优化的核心是实现农业农村向现代农业农村的转变,并推动农业产业化、农村产业多元化发展。在实施产业结构优化的过程中,需要充分发挥市场机制作用,引导农民转变传统生产经营观念,推动农村产业从传统农业向现代农业转型升级。

1.技术创新

技术创新是乡村产业发展的重要动力,它能够提升农业生产的效率和质量,并在资源利用、环境保护等方面起到积极的推动作用。例如,在农业生产中引入先进的种植技术和养殖技术,既可以有效提高农产品的产量和品质,提高农民的收入水平,还可以应用现代化农机设备,提高农业生产的机械化水平,减轻农民的劳动强度,提高效益。

2.多元化发展

传统的农业生产模式以粮食种植为主导,这种单一的产业结构的存在限制了农村经济的发展潜力。因此,我们需要通过发展新的农业产业拓宽农民的收入来源。例如,发展特色农产品种植,加强农村旅游和农民合作社等农业产业链的建设,可以增加农民的就业机会,提高农村经济的活力。

3.注重农民的参与和主体地位的提升

农民既是乡村振兴的主体和受益者,也是乡村产业发展的重要力量。因此,要加强农民的培训和素质提升,以提高他们的创业能力和经营管理水平。同时,要通过建立健全的农产品市场体系,促进农产品的流通和营销,使农民获得更好的经济效益。

(二)主导产业发展

主导产业发展是乡村振兴战略的重要一环。它旨在通过发展具有竞争力和较高增加值的产业,引领乡村经济发展,提高农民收入水平。主导产业的选择和发展对于乡村振兴战略的成功实施至关重要。

1.要选择与当地资源禀赋和特色优势相适应的主导产业

乡村地区的资源条件和人力资本不尽相同,因此在选择主导产业时需要结合地方实际情况,确定适合本地区发展的产业。例如,农业资源丰富的地区可以发展农产品加工业;生态环境优美的地区可以发展生态旅游业。合理选择主导产业,不仅可以提高产业附加值,还能充分展现当地的资源特色。

2.要加强主导产业的技术创新和研发能力

技术创新是提升产业竞争力和核心竞争力的重要保障。乡村地区在主导产业发展过程中,要加大研发投入,培养专业人才,引进先进技术,实施企业技术创新。技术创新可以提高产品质量和技术含量,增加产品附加值,拓宽市场空间。

3.要加强主导产业与其他产业的协调发展

经济发展已经证明,产业之间的互动与协作是促进经济发展的重要因素。在主导产业发展过程中,要注重与相关产业的密切配合和协调发展,形成产业链和价值链的有效衔接。例如,可以将农产品加工业与农业生产紧密结合,实现农产品从产地到市场的整合,提高农民收入;可以将生态旅游业与农业、文化产业相互融合,推动乡村旅游可持续发展。

4.要加强主导产业的市场拓展和品牌建设

市场是主导产业发展的重要驱动力。乡村地区要通过加强市场调研和品牌建设,增强产品竞争力,开拓新市场,拓宽销售渠道。同时,要加强营销策划,提高产品附加值,形成差异化竞争优势。在市场拓展过程中,还要注重品牌建设,树立和提升主导产业的品牌形象,增强产品的知名度和美誉度。

主导产业的发展是乡村振兴战略的重要内容。在推动主导产业发展时,要选择合适的产业，加强技术创新，加强与其他产业的协调发展，同时加强市场拓展和品牌建设。这些举措可以推动主导产业健康发展，带动乡村经济增长，提高农民收入水平，实现乡村振兴的目标。

（三）实现农民就业与增收

农民就业与增收是乡村振兴战略不容忽视的一个重要方面。在乡村振兴过程中，实现农民就业与增收是推动经济发展、改善农村居民生活质量的关键一环。为了有效解决农民就业问题，必须采取一系列的措施。

首先，要加大对农村人力资源的开发和培训力度。农村地区的人才需求往往与城市存在差异，因此需要针对农村特点，开展培训和技能提升工作。培养农村人才可以提高农村劳动者的核心竞争力，增加他们找到合适工作的机会。

其次，要推动农村产业结构转型升级。传统的农业经济发展方式已经难以满足现代农村的发展需求，因此需要通过产业结构优化调整，推动新型农业经济的发展。这样既能创造更多的就业机会，也能提升农民的收入水平。

最后，要积极推动农村创业创新。鼓励农民自主创业和发展新兴产业，可以有效促进农村就业的增长。政府可以提供创业扶持政策和资金支持，同时加强相关培训和指导，帮助农民更好地实现创业梦想。

在解决农民就业的同时，还要关注农民收入的提升。提高农民收入可以通过发展农村经济，加强农产品加工和销售，提高农村土地的利用效益等方式来实现。此外，建立健全的社会保障体系以及加强农民福利保障也是提升农民收入的重要手段。

总之，加大对农村人力资源的开发和培训、推动农村产业结构转型升级、积极推动农村创业创新以及提升农民收入等措施的实施，可以有效促进农村经济发展，改善农民生活质量，推动乡村振兴战略的实施。

二、生态宜居

（一）自然环境保护

1. 自然资源保护

乡村地区通常拥有丰富的自然资源，包括土地、水资源、森林、湿地等。在保护自然资源方面，我们应该制定适当的政策和措施，限制过度开发，确保自然资源可持续利用。

2. 生态环境保护

我们要特别关注农村生态系统的保护和恢复，包括保护农田、森林、河流等生态系统的完整性，加强生态修复工作，提高自然资源的质量和可持续利用的能力。

3. 倡导绿色生态农业

在农业生产过程中，我们应该倡导绿色生态农业，减少农药和化肥的使用，提高农产品的质量和安全性。同时，鼓励农户采用环境友好的耕作方式，如有机农业和生态农业，促进农业与生态环境协调发展。

4. 农村环境污染治理

农村环境污染主要来自农业生产、农村工业、畜禽养殖等活动。针对这些污染源，我们应该制定科学的政策和措施，加强监管，推动农村环境的改善。

（二）改善农村人居环境

农村人居环境包括居住条件、环境卫生、基础设施等方面。在乡村振兴战略下，我们需要采取一系列积极、有效的措施，以确保农民能够在舒适、健康、美好的环境中生活。

我们需要注重农村住房条件的改善。农村住房不仅是农民生活的重要组成部分，而且对提高农民的居住品质和居住环境至关重要。因此，应该加大农村住房改善的力度，提高住房的质量和舒适度。政府可以通过推动农村住房保障政策，提供贷款、补贴等，帮助农民改善住房条件。另外，应加强住房技术标准的宣传和推广，引导农民选择环保、节能的建筑材料，进一步提升乡村人居环境。

农村环境卫生的改善是农村人居环境改善的重要方面。农村环境卫生直接关系到农民的生活质量和健康状况。因此，需要加强乡村环境卫生管理，提高卫生设施建设和管理水平。政府可以加大对农村垃圾处理设施的投入，建设垃圾分类收集点、垃圾处理站等设施，推动农村垃圾分类和无害化处理；也可以加强对农村环境卫生知识的宣传和教育，提高农民的环境卫生意识培养良好的行为习惯。

农村基础设施建设也是农村人居环境改善的重要任务。农村基础设施的完善对于提升农民生活质量、促进农村可持续发展具有重要意义。在改善农村人居环境过程中，应该注重农村道路、供水、供电、通信等基础设施的建设与改善。政府可以加大财政支持，引导社会资本参与，加强对农村基础设施建设的规划和管理，确保农民能够享受到便捷的交通、充足的水源、稳定的电力供应和畅通的通信网络。

（三）基础设施建设

基础设施建设是乡村振兴战略不可或缺的重要组成部分。它包括道路、桥梁、供水、供电、通信等基础设施建设，在提升乡村发展水平、改善居民生活质量方面具有重要作用。

1.道路建设

乡村道路的改善和扩建能够有效解决农村交通不便的问题，提升物流和人员流动效率，促进农产品流通和农村经济发展。例如，在农村道路建设过程中，可以采取适宜的材料和工艺，确保道路的耐久性和安全性。需要强调的是，在建设过程中要注重道路规划的科学性，即应考虑农村地区的山地和水域等自然条件，合理规划道路线路，减少对环境的影响。

2.供水和供电设施建设

合理规划水源和电力资源，确保满足乡村居民正常用水和用电需求。在供水设施建设过程中，可以采用节水技术和灌溉系统，提高水资源利用效率，保护生态环境。在供电设施建设过程中，可以引进清洁能源，如太阳能、风能等，提高乡村能源利用效率，实现可持续发展。

3.通信设施建设

良好的通信网络有助于乡村居民的信息交流和社交活动，并促进乡村与城市之间的互动和合作。在通信设施建设过程中，可以引入高速宽带网络，普及手机信号覆盖，强化网络安全保障，提升乡村通信网络的覆盖率和质量。

三、乡风文明

（一）乡村文化传承

乡村振兴战略旨在弘扬传统文化，保护乡村历史和传统风俗，为乡村可持续发展提供文化底蕴和精神支持。

1.保护乡村历史

乡村是中国传统文化的重要承载地，有着丰富的历史积淀。因此，我们应该努力保护乡村的历史建筑、古迹和文物，制定相关政策并采取措施加强保护工作。另外，应该通过各种形式的展览、讲座等活动，向社会宣传乡村历史的重要性，提高人们对乡村历史文化的认同和尊重。

2.注重传统风俗的传承和弘扬

乡村传统风俗是乡土民俗文化的重要组成部分，并且具有丰富多样的文化内涵和特色。我们应该鼓励乡村居民积极参与传统节庆活动，如农历春节、清明节、端午节等，以保留和弘扬传统习俗和技艺。另外，要加强对年轻一代的教育和引导，使他们了解、尊重和传承乡村传统文化，从小树立对传统文化的热爱和认同意识。

3.注重文化资源的挖掘和利用

乡村有着丰富的自然和人文资源，如传统手工艺、传统乐器、民间故事等。我们可以通过整合这些资源，发展乡村文化创意产业，提升乡村经济发展水平。同时，还要加强对乡村文化从业者的培养和支持，鼓励他们通过创作、展示等方式，将乡村文化传递给更多的人。

（二）社会治理和公共服务

社会治理和公共服务是乡风文明指标中不容忽视的要素。在乡村振兴战略下，加强社会治理和改善公共服务水平至关重要。有效的社会治理和良好的公共服务将为乡村居民提供更加安全稳定的生活环境，并提升他们的幸福感和获得感。

社会治理在乡村振兴中起着至关重要的作用。乡村治理需要注重村级组织建设，完善村级民主管理机制，提高决策的科学性和公正性，增强乡村的凝聚力和共同意识，要加强与相关部门和社会组织的合作，共同推动社会治理工作顺利进行，共同维护乡村社会的稳定。

公共服务的提升也是乡村振兴的重要任务。在社会治理中，公共服务涉及教育、医疗、文化娱乐等领域。为了提高公共服务水平，乡村需要加大对基础设施建设的投入，如修建农村医疗设施、图书馆、文化广场等，为乡村居民提供更加便捷的公共服务。同时，还需要注重培养和引进专业化的公共服务人才，提高乡村公共服务的专业水平和质量。

在社会治理和公共服务中，积极推行社会管理创新和乡村治理模式创新也是乡风文明指标中的关键环节。这要求管理者为各种公共资源的协调利用建设制度平台，构建和谐乡村社会，提供更好的公共服务。同时，加强信息化技术在社会治理和公共服务中的应用，提高工作效率和服务质量，使乡村居民更加满意。

（三）农民素质的提升

农民素质的提升是乡风文明建设中的关键环节。乡村振兴战略的实施要求农民具备更高的综合素质，以适应现代化农业发展的需要，提高农村居民的生活质量和幸福感。

农村教育的发展是提升农民素质的基石。教育是人才培养的重要途径，为农民提供高质量的教育资源是实现农民素质提升的关键。在乡村教育方面，应该加大对农村学校的投入和支持，改善教育条件和师资力量，提供更广泛的教育机会。同时，还需要加强农村职业教育，为农民提供与现代农业生产和农村经济发展相适应的职业培训。

加强农民技能培训是提升农民素质的重要手段。现代农业要求农民具备一定的专业技能和科学管理能力。因此，应该加强对农民的职业培训，提升他们的生产技能和管理水平。这可以通过建立培训机构、开展技能培训课程和组织实际操作等方式来实现。另外，也要积极引导农民参与农业技术推广，充分利用农民之间的经验交流和互助合作，促进农业生产技术的进步。

在农民素质提升的过程中，还需要注重培养农民的创新精神和创业能力。随着农村经济的发展和农业产业结构调整的推进，农民需要具备创新意识和创业能力，积极参与农业产业的融合和升级。因此，应该加强农民的创业培训，提供创业支持和政策扶持，鼓励农民积极创业、开拓市场，推动乡村经济发展。

加强农民精神文化建设是农民素质提升的重要方面。乡风文明建设要求农村居民应具备高尚的道德品质和良好的行为习惯。因此，要加强农民的道德教育，培养他们的社会责任感和公民意识。此外，还要在农村开展丰富多样的文化活动，丰富农民的精神文化生活，提高他们的审美素质和文化修养。

综上所述，农民素质的提升是乡风文明建设的基础和保障。加强农村教育、培训农民技能、培养创新精神和加强农民精神文化建设，可以实现农民素质的全面提升，促进乡村振兴战略顺利实施。这对于实现乡村振兴目标、推动农村经济社会发展具有重要意义。

(四)社区活动生态建设

活跃的社区活动生态可以促进社区居民之间的交流、提升社区凝聚力，同时也能够丰富居民的生活，满足他们的文化、休闲和娱乐需求。

为了建设社区活动生态，社区应做到以下几点。

社区应该鼓励并支持各类文化艺术活动的开展。举办文学、音乐、舞蹈、戏剧等各种艺术表演和比赛不仅能够提升居民的艺术修养，还能够培养他们对优秀传统文化的热爱和传承。社区应该积极协调相关资源，组织专业艺术团队演出，并鼓励居民积极参与，展示自己的才艺。

社区应该注重拓展休闲娱乐活动的丰富度和多样性。可以组织各类体育赛事，如篮球、足球、乒乓球等比赛，让居民能够积极参与体育运动，增强身体健康。社区还可以开展各类户外活动，如郊游、野营、登山等，为居民提供接触大自然的机会，使居民感受大自然的美妙。

社区还应该积极推动各类知识讲座、培训班等学习活动的开展。邀请专家学者来社区开展讲座，分享他们在不同领域的研究成果和经验，可以提高居民的知识水平和文化素养。同时，社区还可以组织各种培训班，如手工制作、烹饪、书法等，使居民能够学到一门新的技能，充实自己的生活。

社区可以通过组织各种志愿活动来引导居民参与社会公益事业。例如，可以组织义务植树、清洁环境、关爱留守儿童等志愿活动，使居民能够以实际行动来关注和参与社区和社会的发展，培养居民的社会责任意识。

总之，社区活动的丰富性是评价乡风文明的重要标志之一，社区应该从多个方面出发，推动社区活动的多样化和丰富化。只有满足居民的文化、休闲和娱乐需求，才能够提高居民的生活质量，促进社区的可持续发展。因此，相关部门和居民应该共同努力，齐心协力，为社区活动的丰富性作出积极贡献。

四、治理有效与生活富裕

（一）提升村级组织功能

村级组织作为农村基层组织的重要形式，既是农民利益诉求的代言人，也是政策执行的具体实施者。因此，确保村级组织功能的强大是乡村振兴战略有效实施的关键。

村级组织应充分代表农民的利益诉求，协调农村各方面利益关系，推动乡村振兴战略顺利进行。同时，村级组织需要加强与上级政府、相关机构的联系，实现信息共享和资源互通，从而增强村级组织在政策制定和资源配置中的话语权。

村级组织应强化农民自治和民主决策机制，提高村民参与农村事务的积极性和主动性。通过开展村民代表大会、议事协商和民主选举等，促进村民对乡村振兴战略的深度参与，实现决策过程民主化，确保农村发展的合理性和可持续性。

村级组织应加强自身建设，提高工作效率和执行能力，推动各项政策有序实施。同时，注重提升村级组织的基层服务能力，加强农民教育、技能培训和产业扶持等方面的工作，以提升农民的收入水平和生活品质。

要实现村级组织功能的强大，除了需要政府和有关部门的支持和倡导，还需要村民的积极参与和共同努力。乡村振兴战略的有效实施离不开村级组织的卓越表现和工作机制的健全完善。通过加强村级组织的功能发挥，我们能够最大限度地调动农村资源，实现乡村振兴的目标和任务，使农村成为富裕、美丽、宜居的地方。

（二）提高农民生活水平

乡村振兴战略可以改善农民的生活质量，调动农民发展乡村的积极性。提高农民生活水平，需要采取一系列的措施。

1. 加强对农业生产的支持

农民的生活水平很大程度上依赖于农业收入，因此提高农民的收入水平是关键。优化农业技术，提高农产品的质量和产量，并与市场需求相匹配，可以增加农民收入。此外，提供农业保险和其他扶持也可以帮助农民降低风险，提高收入稳定性，从而促进生活水平的提高。

2.加大对农民教育和培训的投入

教育和培训是提高农民生活水平的关键因素。提供农业技术培训、农产品加工技能培训和创业培训等，可以提升农民的知识水平和技能，增强他们参与农业产业链的能力。此外，还应该加强农民素质教育，提高他们的文化水平和综合素质，为他们提供更广阔的发展空间。

3.改善农村基础设施和公共服务

农村地区的基础设施和公共服务的完善程度直接影响农民的生活质量。加强农村道路、供水供电、通信等基础设施建设以及医疗、教育、文化等公共服务设施建设，可以提高农民生活的便利性。同时，加强社区建设，建立多样化的社区活动和文体设施，营造浓厚的社会氛围，也有助于提高农民的生活水平。

4.加强农民权益保护和农村治理的完善

保障农民权益是提高农民生活水平的重要保障。因此，政府应加强对农民土地权益的保护，确保他们的土地产权安全和收益合理。此外，加强农村社会组织建设，提升社会治理水平，确保农民的合法权益得到维护，并建立有效的纠纷解决机制，维护社会稳定。

（三）完善农村社会保障体系

在实现治理有效和生活富裕的目标中，建立完善的农村社会保障体系对于提高农民的福利水平、增强农民的获得感与幸福感至关重要。

在农村社会保障体系建设中，应加强对农民的医疗保障。农村地区普遍存在医疗资源不足、医疗服务水平较低等问题，这导致农民在就医过程中面临较大的困扰。因此，应通过增加医疗机构投入、提升医疗技术水平、优化医疗资源配置等方式，提高农民的医疗保障水平，确保农民在健康问题上能够享受高质量的医疗服务。

要加强对农民的养老保障。随着乡村人口结构的变化和农村老龄化问题的日益突出，养老保障成为重要的社会问题。为此，要完善农村养老保险制度，建立以农民工资收入为参照基数的养老金制度，确保农民老年生活得到基本保障。加强农民养老服务设施建设，提供高质量的养老服务，满足农民的老年生活需求。

要注重农村社会救助体系建设。社会救助是对生活困难的农民提供基本生活保障的重要手段。为了完善农村社会保障，应加强对农村低保、临时救助、特困人员救助等方面的政策支持与资金保障，确保农民在经济困难时能够得到相应的救助与帮助，提高他们的生活水平。

农村社会保障体系的完善需要信息化技术的支持。通过建立电子社保卡、智能化社保服务平台等方式，提高社会保障管理的效率与准确性，确保农民享受社会保障权益的便利性。

第二节　实施乡村振兴战略的原则

一、坚持农民主体地位

（一）农民主体地位的理论分析

在实施乡村振兴战略过程中，必须坚持农民的主体地位，即要把农民放在决策、建设、管理和利益分享的核心位置。这是因为农民是农村的主体，是乡村振兴的主要推动力量，只有充分尊重农民的权益和利益，才能有效推动乡村振兴进程。

农民主体地位体现了农村发展的实际需要。我国是一个农业大国，而农民作为农村的基本群体，具有重要的经济、社会和文化地位。农业农村发展是实现乡村振兴的基础，而坚持农民的主体地位则是农村发展的重要保障。只有充分发挥农民主体地位的作用，才能实现农村经济的高质量发展，提升农民的生活水平，实现农村社会主义现代化。

坚持农民的主体地位有利于调动农民的积极性和创造性。农民是具有实际农业生产经验和知识的主要群体，他们对农村发展具有天然的优势。坚持农民主体地位就是要充分发挥农民的主体作用，激发他们的创造力和积极性。只有让农民真正参与决策和管理，才能更好地发挥他们的智慧和力量，推动农业农村现代化进程。

坚持农民的主体地位有利于实现农村社会稳定与和谐发展。农民主体地位的树立既要保障农民的利益，也要注意协调农村内部的各种利益关系。只有使农民在发展中有更多获得感、归属感和安全感，才能确保农村社会的稳定。坚持农民主体地位的同时也要注重农村和城市的良性互动，实现人与自然和谐共生。只有农村和城市协同发展，才能实现乡村振兴战略的可持续发展。

在农民主体地位的基础上，我们需要进一步加强政策和法规保障，提升农民的参与度和管理能力，实现农村全面发展和农民全面进步。只有坚持农民主体地位，才能实现乡村振兴的目标，建设美丽宜居的新农村。

（二）农民主体地位的现状

农民作为乡村振兴战略的主体，在当前社会经济发展中面临一系列的机遇。

首先，农民的地位和角色在不断变化。传统的农民形象逐渐被现代化的农民形象所取代。农民不再只是劳动力的提供者，他们逐渐成了经营者、创新者和发展农业产业的推动者。他们开始关注农村发展的全局性问题，并积极参与乡村振兴战略中。

其次，农民的生活方式和需求在改变。随着经济的发展和社会的进步，农民的生活水平提高了，他们的需求逐渐多样化。农民不再满足于以往简单的生活方式，他们对于教育、医疗、文化娱乐等公共服务的需求越来越多。因此，在农民主体地位的保障中，应当加强提供社会公共服务，满足农民多样化的需求。

最后，农民的知识和技能水平在逐步提高。农业技术的进步和农民的学习意识增强，这使得农民在农业生产上具备了更多的知识和技能。他们学习农业先进技术，推广优质农业品种，改善农业生产结构。农民普遍认识到只有不断提高农业生产效益，才能增加自身的收入，改善自己的生活水平。

然而，我们也不能忽视农民在现实中所面临的困难和问题。农民在土地流转、就业机会、社会保障、健康医疗等方面仍然存在不平等的情况。在土地权益保护、农业补贴政策、社会保障制度等方面还有许多亟待解决的问题。因此，保障农民的主体地位，需要改革和完善相关法律法规，建立健全的保障机制，加大对农民的政策倾斜力度。

(三)保障农民主体地位的措施

为了确保农民在乡村振兴中发挥主体作用,相关的政策和措施被提出并逐步实施。

完善农民权益保障制度,保障农民合法权益。这包括法律上的保障,如对土地使用权的保护、农民集体经济组织的合法地位等。要加大执法力度,打击侵犯农民利益的行为,确保农民权益得到有效维护。

加强农民职业培训和技术支持,提升农民素质和技能。通过建设农民培训中心、开展职业培训项目等方式,不断提高农民的专业知识和技术水平,使他们能够适应现代化农业的发展需求,提高农业生产效益。

推动农民参与农村治理和决策。鼓励建立农民自治组织,增强农民的自主管理能力和决策权利。在乡村治理中,要注重听取和充分尊重农民的意见和建议,让农民参与农村发展规划和项目决策,确保他们的利益得到充分体现。

加强农民组织建设,提升组织实力和服务能力。鼓励农民自发组织起来,建立农民专业合作社、家庭农场等农民组织,提高农业社会化服务水平。政府也应加大对农民组织的政策支持和资金投入,促使其发展壮大。

加强农民精神文化建设。通过开展农民文化活动、培育农民文化品牌等方式,加强农民的文化自信和认同。同时,注重培养农民的创新意识和创业精神,鼓励他们积极参与农村经济发展,提升农民整体素质。

二、坚持农业农村优先发展

(一)农业农村优先发展的理论基础

农业农村优先发展的理论基础在于农业的基础地位以及农村的特殊性。

农业作为国民经济的基础和农民的主要收入来源,不仅关乎国家粮食安全,也关系到农民就业和农村经济的发展。因此,农业的发展应当被优先考虑和支持,以推动乡村全面振兴。

农村相较于城市具有独特的经济结构、社会关系和生态环境。农村是农民生活和劳动的空间。农村发展的根本要义是为农民创造更好的生活和工作条件。农村的发展需要解决农村经济发展的短板和农村的民生问题,以提升农业劳动生产率和农民的收入水平。

农业是国民经济的基础；农村是农民的家园；重点发展农业农村，能够有效缩小城乡差距，促进社会公平正义。同时，农业农村优先发展也有助于推动农村第一、第二、第三产业融合发展，推动生态保护和乡村文化传承。

坚持农业农村优先发展有利于实现农民群众的共同富裕和可持续发展，也是推动乡村振兴的基础。在实践中，我们需要结合当地实际情况，制定相应的政策和措施，不断完善农业生产体系、改善农村基础设施、提高农民收入水平，以实现乡村振兴目标。

（二）农业农村优先发展的实践探索

实践探索表明，农业的健康发展以及农村的全面振兴，是实现乡村振兴目标的关键。以下将从多个角度对农业农村优先发展实践进行探索和分析。

农业是乡村经济的支柱，而农民是农业发展的主体。在实践中，我们要尊重农民的主体地位，充分调动农民的积极性和创造力。通过制定切实可行的政策，落实农村土地承包政策，保障农民的合法权益，为农民提供良好的发展环境和条件，进一步激发农民的投入和热情，推动农业农村创新与发展。

我国地域广阔，各地的自然条件、资源禀赋和产业优势存在差异。因此，在实践中，我们不能“一刀切”地套用一种发展模式，而应根据不同地区的实际情况，因地制宜地制定发展战略和政策。同时，要采取循序渐进的步骤，逐步推进农业农村发展。这意味着我们需要在实践中进行探索和积累经验，通过先试点后推广、先小步快走后大步向前的方式，推动农业农村优先发展。

保护生态环境是农业农村发展的基础和前提。在实践中，我们要坚持绿色发展理念，推动农业生态化转型，推广可持续农业生产方式，加强农村生态建设和环境保护。同时，要加强农业对气候变化的适应能力，推动农业生态保护和生态修复工作，实现人与自然和谐共生的目标。

（三）农业农村优先发展的策略

在乡村振兴战略中，为了实现农业农村的优先发展，我们需要制定一系列科学合理的策略，以保障乡村地区可持续发展。

1.充分发挥农业的基础性作用

农业农村发展是乡村振兴的核心，因此我们必须坚持农业农村发展的优先地位。这意味着我们要加强农业生产和农村经济建设，提高农村居民的收入和生活水平。我们还要注重农村基础设施建设，改善农村生产和生活条件，提高农村公共服务水平。

2.推动农村产业结构优化升级

农业农村发展的关键在于实现农业现代化和农村产业多元化。我们可以通过发展特色农产品和农业加工业来促进农村经济发展，推动农村旅游、农民合作社等新型农村经济模式的发展，为农村地区带来更多发展机会。

3.加强农村土地制度改革

土地是农村的重要资源，土地制度改革对于农村振兴至关重要。我们需要进一步完善土地承包经营制度，保障农民的土地承包权益。同时，我们还要推动农村土地流转和集约利用，提高土地使用效率和农村资源配置效率。

4.培养农村人才和传承农村文化

农村振兴不能只依靠外来力量，我们要培养和吸引一批有志于发展农村的人才。同时，我们还要注重农村文化的传承和发展，加强对乡土文化的保护和传播，激发农村地区的文化活力。

总之，充分发挥农业的基础性作用，推动农村产业结构优化，加强农村土地制度改革，注重人才培养和农村文化传承，能够实现农村地区可持续发展，促进乡村振兴进程顺利推进。

三、坚持人与自然和谐共生

(一)人与自然和谐共生的理论阐述

乡村振兴战略强调人类与自然环境之间的平衡与相互依存关系。只有当人类与自然和谐共生，才能实现可持续发展，保护生态环境，为后代子孙创造更好的生活条件。

人类是自然界的一部分,我们必须意识到自然资源的有限性和脆弱性。只有尊重自然规律,保护生物多样性,减少对自然资源的过度开发和浪费,才能实现人与自然和谐共生。

人类活动对自然环境会产生一定的影响,而自然环境的变化也会影响人类的生活。因此,人类在改造自然环境的过程中要考虑到自然环境对人类的影响,并采取相应的措施进行调整和适应。

人类与自然环境之间应建立起相互促进的关系,通过科学的农业生产方式,推动生态农业发展,保护土壤和水资源,减少化肥农药的使用,促进农作物的生态多样性和生态平衡。只有与自然环境良好互动,才能实现农业的可持续发展,提高农民的收入水平。在与自然的互动中,需要考虑到每个地区的具体条件和环境特点。

乡村振兴强调了人与自然的平衡与相互依存关系。只有在人与自然和谐共生的基础上,才能实现乡村振兴的可持续发展,实现农民的幸福生活和社会的全面进步。因此,我们需要深入理解和研究人与自然和谐共生的理论,探索人与自然相处的方法,确保乡村振兴战略成功实施。

(二)人与自然和谐共生的路径

人与自然和谐共生,作为乡村振兴战略的原则之一,是确保农村地区与自然环境实现良好互动和协调发展的关键。

1.改善当前农村地区对自然资源的利用和管理情况

近年来,随着城市化进程的推进,农村地区出现了过度开发、过度利用自然资源的问题,导致了土地沙化、水源减少、生态系统破坏等一系列环境问题。我们需要关注农村地区的土地利用状况、水资源管理情况、生态环境质量等,以改善自然生态环境。

2.促进农村地区生态文明建设

生态文明建设是绿色发展的重要支撑,强调在经济社会发展中保护生态环境、提升生态质量。我们应关注农村地区环保政策的执行情况,开展生态文明教育普及和环境保护项目。

3.优化农村地区的农业生产和生活方式

农业是农村地区的核心产业，农村的生活方式直接影响着自然环境。我们需要优化农村地区的农业生产方式，提高农民的生态意识，解决农村生活垃圾处理等问题。只有综合考量农业生产与生活方式，才能更好地评估人与自然和谐共生的现状。

4.提高农民的社会参与度和保护意识

人与自然和谐共生需要全社会共同努力，需要农村居民积极参与、广泛认同。我们应关注农村地区社会组织的参与情况，增强居民环保意识，促进人与自然和谐共生在农村社区的推广。

5.实行生态修复

生态修复与建设是实现人与自然和谐共生的重要任务。我们要加强乡村生态环境修复工作，恢复生态系统的自然功能。通过植树造林、湿地保护、水土保持等措施，修复受损的自然生态环境，提升乡村的生态质量。同时，要注重生态建设，推动生态农业、生态旅游等产业的发展，促进经济和生态双赢。

6.推动农业与生态经济的融合

我们要推动农业的可持续发展，培育绿色生态农业，推广有机农业技术，减少化肥农药的使用，提高农产品的质量和安全水平。同时，要发展生态经济产业，积极探索农村生态旅游、生态农业观光等新模式，推动农民增收致富，促进农村经济的可持续发展。

人与自然和谐共生的路径包括保护与合理利用资源、修复与建设生态以及融合农业与生态经济。只有通过科学合理的路径规划和实施，才能实现乡村振兴战略目标，打造美丽宜居的乡村环境，为农民提供更好的生活条件，实现经济社会可持续发展。

（三）人与自然相处状况的监测评价

在乡村振兴战略中，人与自然和谐共生是一项至关重要的原则。为了确保实施此原则的有效性，必须进行相应的监测评价工作。

1.建立科学合理的指标体系

这一指标体系应该包括生态环境评估、农业可持续发展评估以及人与自然关系评估等方面。例如，可以衡量生态环境质量、土壤和水源的持续利用情况，衡量农业生产的生态友好性以及衡量农民与自然资源之间的和谐关系等。建立科学的指标体系，可以全面了解人与自然和谐共生的程度，为后续的决策提供依据。

2.采用多种方法和手段进行数据的收集和分析

例如，可以利用现代化的遥感技术来获取土地利用、植被覆盖等方面的信息，可以利用统计方法来分析农业生产的产量和质量等方面的数据，还可以通过问卷调查、实地考察等方式获取农民与自然资源的互动情况。通过多种方法的综合运用，可以全面客观地评估人与自然和谐共生的状况。

在监测评价工作中，还应该注重数据的定期更新和交流共享。只有及时更新数据，才能准确地反映人与自然相处的模式。同时，通过数据的共享交流，可以使更多的人了解和参与监测工作。这有助于形成共识、加强合作，共同推进人与自然和谐共生的进程。

评价结果应该成为乡村振兴战略决策和实施的重要依据。通过对评价结果的分析和解读，可以为乡村振兴战略的制定和调整提供科学支持，帮助政府和相关部门做出正确的决策。人与自然和谐共生的监测评价工作对于乡村振兴战略的成功实施至关重要。通过建立科学合理的指标体系，采用多种方法和手段进行数据的收集和分析，定期更新和交流共享数据，将评价结果应用于实践中，我们可以更好地推动人与自然和谐共生的进程，实现乡村振兴目标。

四、坚持因地制宜、循序渐进

（一）坚持因地制宜、循序渐进原则的缘由

在乡村振兴过程中，不同地区要根据自身的实际情况，采取相应的措施和策略。乡村地区的自然环境、资源禀赋、人口结构等各个方面的差异性，决定了所采用的发展方式会有所不同。因此，在乡村振兴战略中，我们必须注意因地制宜，根据不同地区的特点，有针对性地制定发展计划和政策。

在乡村振兴过程中，由于乡村地区的基础设施、产业发展水平不均等方面的情况，要一蹴而就地实现全面振兴是不现实的，因此我们必须按部就班、循序渐进地推进乡村振兴战略，明确发展的目标和方向，制订阶段性发展计划。要根据实际情况和资源条件，逐步实施各项措施和政策，推动乡村全面发展。

因地制宜和循序渐进原则的应用，可以帮助我们更好地解决乡村发展面临的问题和挑战，可以充分挖掘和利用乡村地区的资源，推动产业发展和增加就业机会。在资源丰富的地区，可以重点发展农业、旅游等产业；在环境脆弱的地区，则需要加强生态保护和可持续发展措施。循序渐进可以避免盲目决策和急于求成的情况发生，更好地控制各项措施的实施风险，同时也给了乡村地区充分的时间来适应发展变化。

只有根据各地的情况，制定有针对性的政策和方案，逐步推进乡村发展，我们才能够实现乡村振兴目标，更好地提升农民的生活水平，推动农业农村持续健康发展。

（二）因地制宜、循序渐进原则的实践操作

因地制宜、循序渐进是确保乡村振兴能够真正贴合当地实际情况，避免"一刀切"的措施。在实践操作过程中，需要注重考虑以下几个方面。

不同地区的乡村可能会面临不同的问题和挑战，因此，需要因地制宜地提出具体的解决方案。例如，在资源丰富的地方，可以推动农产品加工产业蓬勃发展，而在生态脆弱的地区，应该采取措施保护生态环境，发展可持续的生态产业。因地制宜是根据不同地区的差异性制定相应的发展策略，以最大限度地发挥乡村发展的潜力。

实现乡村振兴需要一个有序的过程，不能急于求成，我们应逐步提升当地农业、农村的发展水平，并依次解决遇到的问题。通过逐步推进，可以更好地适应当地条件和市场需求，避免资源浪费和社会冲突，更好地培育乡村振兴的发展动力，为未来的发展奠定坚实的基础。

因地制宜、循序渐进原则在乡村振兴战略中具有重要的地位和作用。在实践操作中，我们应该根据特定地区的要求制定相应的发展策略，注重循序渐进地推进乡村振兴，为乡村的可持续发展铺平道路。只有这样，才能真正实现乡村振兴目标，让农村焕发出勃勃的生机与活力。

（三）坚持因地制宜、循序渐进原则的案例分析

在乡村振兴战略中，要充分考虑各地的实际情况和发展需求，因地制宜地制定

一系列的振兴措施，同时注重阶段性、渐进性推进，确保乡村振兴工作稳步推进。

某山区乡村地势复杂、交通不便，传统农业已经难以为继，经济发展相对滞后。为了改变这一状况，当地政府以因地制宜、循序渐进原则为指导，采取了一系列的措施来推动乡村振兴。

在规划部署阶段，地方政府充分了解该地区的自然资源、经济条件、社会文化等方面的情况，并与当地农民和专家进行了广泛的沟通和讨论，因地制宜地提出了一套符合该地区实际情况的振兴方案。随着规划方案的确定，地方政府重点从改善农业生产条件入手，投资于农田水利设施建设和现代化农业技术推广。地方政府积极引导当地农民发展特色农业产业，如茶叶、果蔬种植等，通过品牌营销和市场开拓，提升农产品的附加值和竞争力。地方政府注重推进基础设施建设，改善交通、通信等基础设施条件，促进地区间的互联互通。这为当地农产品的流通提供了便利，同时也吸引了更多的投资和人才进入该地区。地方政府注重发展乡村旅游业，充分利用地方的自然景观和历史文化资源。通过打造乡村旅游品牌和创新旅游产品，吸引游客前来观光和体验，为农民提供增加收入的机会。

通过因地制宜、循序渐进原则，这个山区的乡村振兴工作取得了显著成效。农民的收入稳步增长，乡村的整体面貌焕然一新，而且地方经济得到了全面提升。这一案例证明了因地制宜、循序渐进原则在乡村振兴中的重要性和可行性。

因地制宜、循序渐进原则是乡村振兴战略的重要指导原则。在实际操作中，通过全面了解和考虑各地的实际情况以及定制化的规划和阶段性的实施，可以帮助乡村振兴工作实现稳步推进。

第三节　实施乡村振兴战略的意义

一、建设现代化经济体系

（一）乡村经济的现状与存在的问题

1. 产业结构单一化

长期以来，乡村地区的产业发展主要依赖于传统农业，而农业产业链相对薄弱，缺少多元化经营，乡村的收益具有不稳定性。这导致许多乡村地区过度依赖传统农业，缺乏发展新的经济支柱产业的动力。

2.基础设施建设不完善

乡村地区相对城市地区发展滞后，许多地方的基础设施建设相对较为薄弱，如道路交通、水电供应、信息通信等方面的设施和服务水平有待提高。这些问题不仅影响了乡村经济的发展速度，也制约了乡村地区的吸引力和竞争力。

3.农村人口外流

随着城市化进程的加快，乡村地区面临人口流失的情况。由于缺乏吸引人才和留住人才的条件，许多有能力和有创造力的人选择离开乡村，前往城市寻求更好的发展机会。这不仅导致了乡村地区人力资源流失，也影响了乡村经济的持续稳定发展。

因此，在乡村振兴中，需要解决以上问题，进一步改善乡村经济的现状。一方面，应该加大对乡村经济的支持力度，鼓励培育并发展新的产业，推动产业结构转型升级，实现农业农村现代化；另一方面，要加强基础设施建设，提高乡村地区的交通、水电、信息等基础设施水平，为乡村经济的发展提供有力支撑。此外，应该采取措施吸引和鼓励人才返乡创业，为乡村经济的可持续发展提供人力资源保障。只有深入研究乡村经济的发展状况，找准存在的问题，才能制定切实可行的措施和政策，推动乡村经济的发展，实现乡村振兴战略目标。

（二）现代化经济体系的作用

现代化经济体系能够推动农村经济转型升级。传统农业经济难以满足人民群众对丰富多样生活的需求，而现代化经济体系的引入可以引领农村经济朝着更加多元化、高效率的方向发展。例如，发展农业产业化经营，推行农产品加工、农村电商等新业态，可以提高农民收入和农村经济发展水平。

现代化经济体系的构建有助于推进农村产业结构优化升级。以农业为主导的传统农村产业结构存在单一性和低效性的问题，而现代化经济体系的引入可以使乡村产业结构更加多元化和高效。发展农村新兴产业，如现代农业、农村旅游、生态农业等，可以进一步提高农村经济的竞争力，促进农村经济可持续发展。

现代化经济体系的构建能够促进农村人力资源的培养和发展。乡村振兴需要具备各种专业技能和创新能力的人才支持，而现代化经济体系的引入可以为农村人力资源的培训和发展提供更好的机会和平台。引进先进的农业科技、提供创业培训和技术支持，可以帮助乡村人才充分发挥个人潜力，为农村产业的发展注入新的活力和动力。

现代化经济体系的构建不仅能引领农村经济转型升级，优化产业结构，还能培养和发展农村人力资源。通过构建现代化经济体系，我们能够为农村振兴提供强大的动力和支撑，实现乡村经济可持续发展和全体人民共同富裕。同时，需要注意的是，不同地区的现代化经济体系构建应该根据本地区的特点和实际情况进行灵活调整和改进，以确保乡村振兴战略的落地效果。

（三）乡村振兴战略在建设现代化经济体系中的作用

乡村振兴战略在建设现代化经济体系中发挥着重要的作用，推动了乡村经济的结构优化和转型升级。乡村振兴提出了实施农业供给侧结构性改革、发展新型农业经营主体、培育农业龙头企业等一系列措施，旨在加快农业产业化和农村第一、第二、第三产业融合发展的进程。通过引导农民转变生产方式，推动农村经济由传统农业向现代农业转型，实现农村产业结构的优化升级。

乡村振兴战略提升了农村区域发展能力。经过多年的快速城市化进程，农村地区面临资源环境破坏、基础设施滞后、产业发展落后等问题。乡村振兴战略通过加强农村基础设施建设、提高公共服务水平及推动农村第一、第二、第三产业协同发展等措施，改善了农村地区的生产生活条件，提高了农村地区的发展能力和吸引力。这不仅有效推动了乡村地区的经济发展，也有助于缩小城乡发展差距，促进区域经济协调发展。

乡村振兴战略为农民增加收入、改善民生提供了保障。通过推动农村产业发展、创新农村金融服务、加强农民就业创业扶持等措施，乡村振兴战略着力解决了农民收入增长和民生改善的问题，鼓励农村地区发展适应市场需求的产业，创造更多就业机会，提高农民的收入。同时，加强农村社会保障制度建设，提供基本公共服务，改善农民教育、医疗、居住等方面的条件，增强农村居民的归属感和幸福感。

乡村振兴战略推动了城乡资源要素优化配置和优势互补。随着城市化进程的推进，城市经济对资源要素的需求日益增长，而农村地区具有丰富的土地资源、劳动力资源等。乡村振兴战略通过推动农村地区特色优势产业、乡村旅游等发展，促进了城乡资源要素的合理配置和优势互补。这不仅有助于农民增加收入、提高生活水平，也为城市经济提供了更多的资源要素支撑，从而实现城乡协调发展。

乡村振兴战略在建设现代化经济体系中发挥着重要的作用，通过优化乡村经济结构、提升农村区域发展能力、增加农民收入、优化资源要素配置等方面的努力，乡村振兴战略为乡村经济体系提供了坚实的经济基础，有利于实现全体人民共同富裕的目标。

（四）现代化经济体系构建实例分析

某县自实施乡村振兴战略以来，通过积极推动农业现代化、农村产业升级和农村基础设施建设，取得了显著成果。

在农业现代化方面，该县推行了科技兴农战略，通过大力引进先进农业技术和先进农业设备，促进了农作物产量的提升。通过合理的农业规划和科学管理，农民掌握了更多的先进种植技术，优化了农作物的品质和产量。例如，在农作物种植方面，通过科学施肥、病虫害防治等措施，提高了作物的抗病能力和产量。这不仅增加了农民的收入，也为农村地区提供了更多的优质农产品。

在农村产业升级方面，该县侧重于发展农产品加工业、休闲农业和乡村旅游业等新兴产业。通过引进企业、培育农民合作社和发展家庭农场，推动了农产品加工和销售。该县成立了农产品加工企业，对农产品进行深加工，生产出一系列具有特色的农产品，如农产品干果、果脯、果酱等。这不仅提高了农产品的附加值，也为农民提供了更多的就业机会。

在乡村基础设施建设方面，该县注重改善农村的交通、水利和教育等基础设施条件。通过加强农村道路改造和建设，方便了农民出行和物资运输。同时，加大水利设施的建设力度，提高了农田的灌溉能力，增加了农作物的产量和质量。此外，该县也加大教育资源的投入，改善了农村的教育条件，提高了农民及其子女的文化素质和就业竞争力。

通过以上的实例分析，可以清晰地看到乡村振兴战略对于建设现代化经济体系具有积极作用。乡村振兴可以推动农业现代化、产业升级和基础设施建设，不仅有助于提高农民的收入和生活水平，也有助于促进农村地区的发展和社会经济的繁荣。只有不断深化乡村振兴战略，加强各方面的工作，才能更好地构建现代化经济体系，实现乡村现代化和全体人民共同富裕。

二、健全社会治理格局

(一)当前乡村社会治理的现状与面临的挑战

当前乡村社会治理的主体结构相对薄弱。传统乡村社会组织大多以村支部、农会、合作社等为主导,这些组织在人员组织、经费保障、政策支持等方面存在一定的问题。相比于城市地区,乡村社会治理机制在体系化、规范化方面还存在一定的滞后性,主要体现在农村基层自治能力较弱、决策机制相对单一、参与机制不够健全等方面。

当前乡村社会资源分配不均衡。由于资源分配不均衡,乡村地区在发展机会、投资资源以及公共服务等方面相对城市地区存在明显差距,这给乡村社会治理带来了困难;随着农村经济社会转型的加速,人口流动、社会结构变迁等因素导致了乡村社会信任度的下降,这对社会治理造成了一定的冲击;乡村社会治理在信息技术与数字化管理方面相对滞后,信息不对称、信息采集与共享不畅是当前乡村社会治理所面临的挑战之一。

面对当前乡村社会治理现状与挑战,我们应该加强农村社会组织建设,提升组织力量,增强自我发展能力;建立健全城乡融合的社会治理机制,完善农村基层自治和决策参与机制,实现农村社会治理的规范化与民主化;加大对农村社会治理的资源投入力度,优化资源配置,推动乡村社会治理的均衡发展;提升信息技术与数字化管理水平,建立健全农村信息化平台,实现信息的共享与交流。

只有通过健全社会治理格局,才能为乡村发展提供有力保障,才能实现农村社会稳定与共同富裕的目标。

(二)乡村振兴战略在健全社会治理格局中的重要性

1.乡村振兴战略能够创造良好的社会治理环境

乡村振兴涉及促进乡村经济发展、改善乡村民生、提升乡村社会文化水平等多个方面,需要各级政府、社区组织、村民自治等参与者协同合作。乡村振兴战略的实施,可以激发各方面的活力,形成共同的目标和合作机制,促进社会治理格局的健全与协调。

2.乡村振兴战略能够推动社会治理方式的创新

乡村振兴不仅是单纯的农村经济发展，更是要实现乡村社会和谐稳定。在实施乡村振兴战略的过程中，需要更加注重社会治理方式的创新与改革。传统的乡村社会治理模式存在一些弊病，如信息不对称、决策不民主等。实施乡村振兴战略，可以借鉴先进的社会治理经验，推进乡村社会治理模式的创新，提高决策的科学性、参与广泛性和决策透明度，有效解决乡村社会治理中存在的问题。

3.乡村振兴战略的实施对于消除社会治理差距具有重要意义

当前，我国乡村地区与城市地区在社会治理方面存在明显的差距。城市地区的社会治理机制相对更加完善，资源配置更加合理，社会服务更加便捷，而乡村地区存在社会治理基础设施不完善、公共服务不足等问题。乡村振兴战略的实施，不仅可以推动乡村地区经济发展，还可以提高乡村社会治理能力，缩小城乡社会治理差距，实现社会治理的公平与公正。

乡村振兴战略在健全社会治理格局中具有重要的作用，能够创造良好的社会治理环境，推动社会治理方式的创新，消除城乡社会治理差距。因此，要充分认识到乡村振兴战略在健全社会治理格局中的重要性，加大对乡村振兴战略的支持力度，积极探索适合乡村实际的社会治理模式，加强各方合作与沟通，共同推动乡村振兴战略向纵深发展，实现全体人民共同富裕的目标。

三、传承优秀传统文化

（一）当前乡村文化传承的现状与存在的问题

随着城市化进程的加快，乡村社会结构发生了巨大变化，农村人口流失严重，很多传统的文化载体面临断代传承的困境。经济的发展促进了国民生活水平的提高，许多乡村居民更倾向于追求现代化生活方式和文化产品，乡村传统文化渐渐失去了吸引力。教育体系也对乡村文化传承造成了一定的压力，在乡村教育体系中，对传统文化教育的关注度有限，导致乡村青年一代文化传承意识淡薄。乡村文化传承缺乏有效的保护机制和制度安排，相关措施落地不够完善，导致乡村文化资源长期被忽视和破坏。

（二）乡村地区文化的保护与传承策略

乡村传统文化作为我国宝贵的文化遗产，承载着丰富的历史积淀和深厚的智慧传统。在当前乡村振兴的进程中，保护和传承乡村优秀传统文化具有重要的意义和作用，有助于激发乡村居民的文化自信心。中国自古以来就有“文化自信”的重要思想，而乡村作为传统文化的重要土壤，应当在乡村振兴中弘扬传统文化的精髓，使农民群众对自己的文化拥有更强烈的认同感。

随着现代化的快速发展，乡村文化的传承链条被断裂或中断，很多传统技艺和经典著作正逐渐消失。同时，乡村居民的文化自信心和文化意识也在逐渐淡化。因此，我们要采取一系列有效的措施来保护和传承中华优秀传统文化：一是加强对乡村文化资源的挖掘和整理工作。乡村是传统文化的重要载体，我们应该加强对乡村地区传统艺术、民间习俗、历史文物等的收集和整理，建立完善的文化档案，为保护传统文化提供良好的素材基础。二是加强对乡村文化传承人才的培养和乡村文化传承工作。传统文化的传承需要专业化人才的支持和传递，我们可以通过设立传统文化学校或培训班，选拔和培养一批乡村文化传承人才，让他们在乡村振兴的过程中起到关键作用，将传统文化的精髓传承下去。三是加强乡村文化节庆活动的组织和推广。传统文化的魅力需要通过节庆活动来展示和传播，我们可以在一些重要的传统节日，组织丰富多彩的活动，在乡村中掀起传统文化的热潮，提高乡村居民的文化参与度。四是加大乡村文化教育的力度。乡村文化教育是传承中华优秀传统文化的重要手段。我们可以在乡村学校设立传统文化教育课程，让乡村学生在学习传统文化的同时，培养对传统文化的兴趣和热爱，从小培养他们的文化素养和文化自信心。

保护和传承乡村优秀传统文化，能让乡村焕发出更大的文化魅力，为人民群众提供更多的文化滋养。

（三）乡村振兴战略在传承乡村优秀传统文化中的角色

乡村振兴作为我国当前的重要战略举措，对传承中华优秀传统文化起着至关重要的作用。乡村振兴战略的实施旨在将乡村打造成为现代化、繁荣富裕的地方，乡村文化是乡村振兴的重要资源和独特优势。乡村振兴战略在传承中华优秀传统文化中扮演着重要的角色。

通过加强挖掘乡村的历史文化资源，乡村振兴战略能够有效促进中华优秀传统文化的传承。传统文化是乡村社会的重要组成部分，是乡村居民的精神追求和价值认同。乡村振兴战略的实施将在乡村中创造宜居环境和良好条件，为传统文化的传承提供有力支撑。在乡村振兴过程中注重对文化的传承和保护，可以激发乡村居民对传统文化的认同感和自豪感，进而提升传统文化的传承活力。

乡村振兴战略对保护中华优秀传统文化起到一定的促进作用。在乡村振兴过程中，需要综合考虑经济发展、社会治理等多个方面，尤其不容忽视的是对文化的保护。传统文化是一个国家、一个民族的宝贵财富，也是乡村振兴的重要资源。乡村振兴战略的实施需要注重传统文化在乡村振兴中的地位和作用，加大对传统文化的保护和传承力度，避免在经济发展进程中忽视了对文化的保护。

同时，乡村振兴战略在传承中华优秀传统文化方面还需要注重创新与发展。乡村振兴战略的目标是实现乡村现代化发展，传统文化在这一过程中需要与现代发展相结合。创新传统文化，发掘其内在的智慧与独特价值，可以更好地适应当代社会的要求。例如，可以利用新技术手段，将传统文化与现代科技相结合，创新传统文化产品和服务，提升其社会经济价值，促进中华优秀传统文化的传承与发展。

乡村振兴战略提升了传统文化的认同度和传承活力，加大了对传统文化的保护力度，同时注重传统文化与现代发展相结合，实现创新发展。

(四)乡村文化传承案例分析

有的村庄通过开展传统文化教育活动，加强对村民传统文化意识的培养。村庄组织了各种形式的文化活动，如戏曲演出、书画展览、传统手工艺品展示等，以吸引村民参与和关注。这样的活动不仅传递了中华优秀传统文化的智慧和艺术品位，还增强了村民对传统文化的认同感，激发了他们对乡村振兴的热情和自豪感。

有的村庄建立了传统文化学习和研究平台，为村民提供学习和研讨的机会。通过举办讲座、研讨会、文化班等形式，村庄培养了一批传统文化研究人才，激发了村民对乡村传统文化的研究兴趣。这些学习和研究活动的开展，不仅丰富了村民的知识储备，也为村庄传承和发展中华优秀传统文化提供了智力支持。

有的村庄鼓励村民参与传统文化的创新和传承，通过组织传统技艺比赛、文化创意设计大赛等活动，激发村民对传统文化创新和发展的激情。一些村民通过创造性地运用传统元素，开发出一系列具有地域特色的文化创意产品和手工艺品，为乡村振兴注入了新的活力和魅力。

乡村振兴战略在传承中华优秀传统文化方面发挥着重要的作用，可以增强乡村居民的文化认同感，还可以丰富乡村的文化内涵，提升乡村振兴的整体品质。因此，在实施乡村振兴战略过程中，我们应该高度重视传承中华优秀传统文化工作，为乡村振兴注入更多中华文化的力量。

四、实现全体人民共同富裕

（一）乡村地区存在贫富差距的原因

由于经济发展不平衡、资源分配不公等，乡村地区存在不同程度的贫富差距。原因主要有以下三个方面。

1. 乡村地区的收入分配不均

在乡村地区，一些农民的收入主要依赖于土地、农作物等传统农业产业，而这些农产品的价格、市场需求较为不稳定。因此，农民的收入水平较低，难以满足其基本生活需求。而一些富裕家庭则收集了大量土地资源，从农业产值中获得了巨额利润，导致了贫富差距的拉大。

2. 乡村地区的就业机会不足

在传统农业模式下，乡村地区的就业机会相对有限，许多人只能从事农业劳动，收入较低。而随着乡村振兴战略的推进，一些新型农业产业、农村经济活动开始兴起，给一些人提供了就业机会，但对于广大农民来说，获得稳定的、收入较高的就业机会仍然存在难度。因此，乡村地区的人们在就业和收入方面有着巨大的差距，贫富差距难以缩小。

3. 乡村地区的基础设施建设和公共服务不足

乡村地区的基础设施建设和公共服务水平虽然不断提升，但与城市地区仍存在较大差距，从而导致贫富差距扩大。乡村地区的基础设施建设相对滞后，交通、通信等方面的不便给人们的生产生活带来了困扰，也限制了农村地区经济发展的潜力。乡村地区的教育、医疗、文化等公共服务水平仍然比较低，人们享受公共服务的机会有限。这些差距使得乡村地区的居民难以享受到城市地区丰富的公共资源和服务，贫富差距进一步扩大。

（二）实现全体人民共同富裕的路径

要实现全体人民共同富裕，必须制定适合乡村发展的具体实现路径。消除乡村地区的贫富差距，我们可以探索并借鉴以下四个方面的实践经验。

1.建立健全的农村金融体系

农村金融体系的完善能够为农民提供更多的融资渠道，促进农村产业发展。通过发展农村信用社、农村合作银行等金融机构，让更多的资金流入农村，可以支持农民创业就业和农村产业的发展。金融机构还可以提供金融服务，如贷款、理财产品等，帮助农民增加收入，提高财富积累。

2.加强农村基础设施建设，改善农民的生产和生活条件

农村基础设施的改善可以提高农村地区的生产力，改善农民的生产环境。例如，优化农田水利设施，扩大农田灌溉范围，提高水资源利用效率，增加农田灌溉面积，以保证农作物产量稳定；加强农村公路、通信网络等基础设施建设，可以提高农村地区的交通便利性和信息交流效率，为农民提供更多的机会和平台。

3.鼓励创新创业，培育农村地区的新型农业经营主体

发展传统农业合作社和家庭农场等组织形式，培育农民专业合作社，推进农业产业化经营，提高农产品附加值；鼓励农民创新创业，发展农村电商、农村旅游等新兴产业，促进农村就业和收入增长；加强农业科技创新，引导农民运用现代农业技术，提高农业生产效益和质量。

4.进一步完善农村社会保障体系，为农民提供更好的社会保障

加强农村养老、医疗、教育等社会保障服务，提供免费的基本医疗保险和教育资源，解决农民的基本生活保障问题。完善农村社会救助制度，为困难农民及时提供帮助，实现农民全面脱贫。

实现全体人民共同富裕，我们需要充分发挥乡村振兴战略的引领作用。要结合乡村地区的实际情况和差异化需求，制定有针对性的政策措施，推动农村地区的发展和全体人民共同富裕。只有这样，才能在乡村振兴战略中实现全体人民共同富裕的目标，为乡村注入新的动力，促进农村地区的繁荣与发展。

（三）乡村振兴战略在实现全体人民共同富裕中的作用

在乡村振兴战略实施过程中，实现全体人民共同富裕是一个核心目标。乡村地区的发展不仅关乎乡村居民的生活水平，也与社会稳定、国家整体发展密切相关。乡村振兴战略提出了一系列举措，旨在改善农村居民的生活条件，提高其收入水平，从而推动全体人民共同富裕的实现。

乡村振兴战略可以增加农村居民的就业机会，增加收入来源，发展现代农业，推动农村产业结构升级，培育农业新型经营主体和新型职业农民。这些举措旨在扩大农村就业，提高农民的收入水平。乡村振兴战略还鼓励发展农村旅游、农产品加工等服务业，为农民提供更多的就业机会，促进农民增收致富。

乡村振兴战略强调了基础设施建设的重要性，为实现全体人民共同富裕创造了条件。在农村地区，基础设施的不完善常常成为发展的“瓶颈”。乡村振兴战略通过加大基础设施投入，建设农村道路、农村水利设施、农村电力网络等，并推动数字农业、电子商务等高新技术在农村的应用，为农民提供更好的生产和生活条件。

乡村振兴战略强调了生态环境保护和资源利用的重要性。乡村地区的生态环境对农业发展和农民生活质量具有重要影响。乡村振兴战略通过推动可持续农业发展、生态农业建设，加强农业面源污染治理等措施，保护了农村的生态环境，提高了农民的生活质量。

乡村振兴战略强调深化农村改革。改革是实现全体人民共同富裕的关键动力。乡村振兴战略通过推动土地制度改革、农村金融改革、农村户籍制度改革等，解决农村领域存在的体制机制障碍，为农村发展提供了更好的制度保障。

通过增加农村居民的就业机会和收入来源，加强基础设施建设，保护生态环境，深化农村改革，乡村振兴战略为实现全体人民共同富裕奠定了坚实的基础。然而，要充分发挥乡村振兴战略的作用，还需进一步加大政策支持力度，提高战略的实施效果，确保人民共同分享乡村振兴的成果。

第二章　乡村产业振兴

第一节　乡村产业结构

一、农业

（一）农产品种植结构

针对不同地区的自然条件和土地资源，农业种植结构的特点各异。深入了解和研究各地区农作物品种的种植状况和产量，可以为农业生产提供科学的指导和决策依据。同时，农产品种植结构的调整与农业高质量发展密切相关。改革农产品供给侧结构，调整种植结构，促进绿色、高效、可持续农业发展是当今农业产业关注的重点之一。

（二）畜牧业产业结构

畜牧业作为农业的重要组成部分，承担着肉类、蛋奶等动物性产品的生产任务。畜牧业产业结构的合理安排和调整对农村经济的发展和农民收入的提高具有重要的影响。对牛、羊、猪等养殖业的数量、规模、品种等方面进行研究和分析，可以合理规划畜牧业产业结构，以实现畜牧业的可持续发展和农民收入的增加。

（三）现代农业

现代农业包括农业技术服务、农业机械合作社、农产品加工等领域。随着农民对农业生产技术需求的增加以及农业产业结构的调整，现代农业越发重要。农业发展可提供有效的技术支持，推动农村经济的增长和农民收入的提高。

二、工业

通过对乡村工业产业结构的分析，可以了解乡村工业的发展情况以及不同工业部门的比重和相互关系。

(一)乡村工业的种类和数量

乡村工业可以分为轻工业和重工业。轻工业包括纺织、食品加工、家具制造等,而重工业则包括矿产开采、钢铁冶炼和机械制造等。由调研和统计数据可以得知乡村工业的种类和数量,从而描绘出乡村工业的整体格局。

(二)乡村工业部门的比重

在乡村工业中,不同工业部门的发展状况可能存在差异。例如,某些地区可能以纺织业为主导,而另一些地区则以冶金工业为主导。分析各工业部门的产值、从业人员数量等指标,可以了解到不同工业部门的相对重要性。

(三)乡村工业之间的关系

不同工业部门之间可能存在竞争或合作关系。例如,农业和食品加工业之间存在密切的联系,而建筑业和机械制造业则可以相互支撑。深入研究不同工业部门之间的关系,可以发现潜在的合作机会和冲突点,为乡村工业发展提供有益启示。

(四)乡村工业政策导向和市场需求

政府可能会针对不同的工业部门提供优惠政策,以促进其发展。市场需求则是乡村工业产业结构调整的重要因素。随着市场需求的变化,乡村工业部门的重心可能发生相应调整。

通过对乡村工业种类和数量、工业部门比重、工业部门之间的关系以及政策导向和市场需求的分析,可以全面认识乡村工业产业结构,为乡村工业发展提供科学依据。

三、商业

商业在乡村中扮演着重要的角色,为乡村经济发展提供了重要的支持和推动力。根据乡村实际情况和资源禀赋,乡村商业结构呈现出多样化的特点。下面将对乡村商业产业结构进行分析。

（一）零售业

零售业是乡村商业的基础和核心，承载着商品的销售和分发。在乡村经济中，大多数农产品和日常生活用品都是通过零售业网络来进行销售的。乡村零售业的发展水平和覆盖范围直接关系到乡村居民的消费需求和生活水平。

（二）批发业

批发业是乡村商业供应链的重要组成部分，具有将商品从生产者端直接供应给零售商的功能。乡村批发业的发展水平和效率，直接影响着商品的价格和乡村商业的发展。因此，乡村需要加强对批发业的支持和培育，提高其发展水平和竞争力。

（三）电子商务

随着互联网技术的普及和发展，乡村电商成为推动乡村经济发展的新动力。乡村电商的发展不仅可以缩短农产品和乡村特色产品的供应链，还可以拓宽农民的销售渠道，提高农产品的附加值和市场竞争力。因此，乡村需要积极推动电商发展，提高乡村经济的发展水平。

乡村商业结构包括零售业、批发业和电子商务等。发展乡村商业，政府需要根据乡村的实际情况和发展需求，选择合适的产业模式和经营方式，加强支持和政策引导，提升产业发展的效率和竞争力，为乡村经济的蓬勃发展提供有力支撑。

四、建筑业

（一）建筑业概述

建筑业主要包括设计与规划、施工与安装、材料与设备供应、工程管理与咨询等多个方面。设计与规划是建筑的研发环节，为后续的施工与安装提供了重要依据；施工与安装则包括建筑工程和装饰工程，是建筑项目实施的核心环节；材料与设备供应则涉及建筑材料的生产与销售、建筑设备的设计与制造，为建筑业持续发展提供了物质基础;工程管理与咨询是建筑业的支撑部门,负责项目管理、技术咨询等工作。这些环节相互关联、相互依赖,构成了完整的建筑体系。

随着科技的进步和社会需求的变化,建筑业结构在不断调整和优化。一方面,新兴的智能建筑、绿色建筑、节能建筑等概念被提出,建筑材料与设备供应也更加注重绿色环保。另一方面,社会对于项目管理和工程质量的要求不断提高,工程管理与咨询的作用越发凸显。因此,建筑业结构不断适应着市场需求的变化。

(二)乡村建筑类型

1.传统的农业建筑

在农村地区,农业建筑是乡村建筑的主要组成部分,如农舍、谷仓、饲养舍等。这些建筑物主要用于农业生产和农民生活,是农村经济和社会发展的基础设施。

2.工业建筑

随着农村工业的发展,乡村建筑业开始涉足工业领域,以乡村工业园区、工厂、车间等建筑为主。这些建筑物主要用于生产制造和加工,为乡村经济发展增添了新的动力。

3.商业建筑

随着乡村经济的发展和农村旅游的兴起,乡村建设了商业街、酒店、景区建筑等。这些建筑物主要用于商业交易和旅游服务,为乡村经济提供了多元化的发展路径。

4.基础设施建筑

为了推动乡村经济发展,乡村建筑业需要参与基础设施建设,以乡村道路、桥梁、水利工程等建筑为主。这些建筑物主要用于改善交通和基础设施条件,为乡村发展创造良好的环境。

乡村建筑业结构类型丰富多样,包括传统的农业建筑、工业建筑、商业建筑和基础设施建筑等。这些不同类型的建筑结构共同构成了乡村建筑业的发展格局,推动了乡村经济朝多元化方向发展。这为我们深入研究乡村产业结构,促进乡村建设业发展提供了重要参考。

(三)乡村建筑业结构演变的影响因素

1.经济

在经济起步阶段,建筑业的主要任务是基础设施和住房建设,因此建筑业结构以住宅和基础设施建设为主导。随着经济的不断发展,城市化进程加快,商业和办公场所的需求逐渐增加,建筑业开始向商业和办公建筑领域靠拢。

2.政策导向

政府在乡村振兴战略中对建筑业的支持力度不断加大,鼓励乡村建设和农村旅游发展,推动了乡村民宿、酒店快速发展。

3.技术

随着建筑技术的不断创新,现代化的建筑材料和技术应用越来越普遍,建筑业结构逐渐向高新技术领域转变。例如,随着节能建筑技术的发展,生态需求大幅增加,建筑业结构逐渐向绿色建筑方向发展。

4.市场需求

随着对居住、工作和生活质量要求的提高,人们对建筑空间功能、设计和环境友好性的要求增加。建筑业通过不断创新和满足市场需求,推动产业结构向多元化和个性化发展。

在建筑业结构演变中,需要注意的是不同地区和不同阶段的特点。乡村建筑业结构演变具有地方差异性,需要根据当地的资源禀赋、市场需求和政策导向来进行调整和发展。建筑业结构在经济、政策导向、技术和市场需求等因素的共同作用下一直在不断演变,对乡村建设和农村经济发展起到了积极的推动作用。

五、交通运输业

(一)交通运输业概况

交通运输业由多个子行业组成,包括公路运输、铁路运输、水运以及航空运输等。公路在乡村地区扮演着重要的角色，为农产品的运输提供了便利，同时也促进了乡村地区经济的发展；铁路在乡村地区的发展仍有很大潜力，对于远距离货物运输和旅客出行具有重要作用；水运则主要在沿海和河流交通发达的地区扮演着重要角色，为交通联络提供了便捷的方式；航空运输虽然在乡村地区覆盖相对较少，但在一些偏远地区和旅游景区具有独特的意义。

交通运输与其他产业密切相关，为其他产业提供了交通运输服务和支持，进一步促进了乡村地区产业的发展。例如，在农业产业中，交通运输业将农产品从农田运输到市场，为农民提供了销售的渠道；在工业产业中，交通运输业为企业的原料和成品运输提供了便利。

乡村地区的交通运输条件与城市相比仍有一定差距，需要进一步提升交通设施和服务质量，可以引入先进的信息技术，提升乡村交通系统的管理和运营效率，加强交通运输业与其他产业协同发展。

（二）交通运输业结构特点

交通运输业结构呈现出高度集中的特点。随着经济的发展和城市化进程的推进，大城市周边的发达地区集中了大量的交通运输设施和资源，交通枢纽、物流园区等一系列交通运输基础设施密集分布。同时，货运和客运企业也集中在这些地区，形成了交通运输产业链的集聚效应。

交通运输业结构表现出明显的分工与合作特点。交通运输业的发展离不开协同合作。不同类型的交通运输企业，如道路、铁路、航空、水运等，各自负责不同的运输任务。在这种分工的基础上，各种运输方式之间还存在相互衔接、相互配合的关系。例如，货物被从工厂运往港口时，可能需要多种运输方式的衔接，如公路运输和铁路运输联运，以确保货物顺利流动。

交通运输业结构呈现出市场化和多元化的特点。随着市场经济的深入发展，交通运输市场逐渐呈竞争态势。运输企业需要根据市场需求，不断改进服务质量，提高运输效率，以满足不同客户的需求。同时，随着社会经济的不断发展和人们生活水平的提高，交通运输业开始涉足一些高附加值的服务领域，如冷链物流、快递服务等，以适应市场多样化的需求。

交通运输业结构受到技术进步和政策调控的影响。随着信息技术的发展和智能化的兴起，交通运输业正在向数字化、智能化、绿色化方向转型。例如，运输企业可以通过智能化技术实现货物追踪、路况监控等功能，提高运输效率。另外，政府在交通运输业发展中起着重要的调控作用，通过规划手段，引导和促进产业结构优化升级。

（三）交通运输业结构优化

为了适应经济发展和社会需求的变化，交通运输业结构需要不断进行优化。优化产业结构是为了提高交通运输业的效益和竞争力，也是为了推动交通运输业可持续发展。

1.技术升级和创新

应用先进的信息技术和智能化系统，可以提高运输效率，降低运输成本。例如，可以利用物联网技术实现智能化的运输管理和调度，提高物流的效率和准确性。同时，还可以加强对新能源和低碳技术的研发和推广，推动交通运输业向清洁、低碳方向发展。

2.加强多元化发展

传统交通运输业以公路运输为主导，但随着经济的发展和城市化进程的推进，铁路、水路、航空等交通方式的需求不断增加。因此，应该加大对其他交通方式发展的投入，提升综合运输能力，实现交通运输互联互通。这样不仅可以缓解公路运输的压力，还可以提高整体运输效率和质量。

3.加强与相关产业协同发展，以实现产业链优化和延伸

交通运输业与物流、仓储、信息技术等产业密切相关，彼此之间协同发展可以实现资源共享、成本降低和效益提升。例如，交通运输企业可以与物流企业合作，共享运输资源，实现物流配送流程优化；交通运输业可以加强与互联网、电子商务等行业的合作，推动物流信息化建设，提高物流运作的效率和可靠性。

4.加强政策引导和支持

政府应该制定相关政策，鼓励交通运输业加大科技研发投入，引导交通运输业向技术密集型、服务型方向发展。同时，还应该提供财税支持，降低交通运输企

业的运营成本，提高企业的盈利能力。

交通运输业结构优化是当前发展的重要任务。通过技术升级、多元化发展、与相关产业协同发展以及政策引导和支持，可以实现交通运输业高效、可持续发展，为经济社会的发展做出积极贡献。

六、服务业

(一)乡村服务业范畴

在乡村发展过程中，服务业所占的比重越来越大，成为农村经济的重要组成部分。乡村服务业包括旅游业、餐饮业、教育培训业、健康养老业等多个领域。

1. 旅游业

旅游业作为乡村服务业的重要组成部分，呈蓬勃发展的态势。乡村旅游的兴起为农民提供了增加收入的机会。通过开展农家乐、种植观光等旅游项目，农民可以将农村资源转化为经济收益。旅游业的快速发展也拉动了相关产业的发展，如农产品加工、手工艺品制作等。

2. 餐饮业

随着人们消费水平的提高和生活方式的改变，农村的餐饮需求也在增加。传统的农家饭馆、农民合作社等餐饮业形式不断创新，引入更多的元素，满足人们对美食和体验的需求。农村也出现了一些特色餐饮品牌，将地方美食推向全国乃至全球。餐饮业的繁荣促进了农村经济的发展，同时也带动了农产品销售。

3. 教育培训业

随着教育意识的提高，家长愿意为孩子提供更好的教育资源。乡村教育培训机构应运而生，提供各类书法、音乐、舞蹈技能培训等方面的服务。这不仅满足了人们对知识和技能的需求，同时也创造了就业机会，促进了乡村经济的发展。

旅游业、餐饮业、教育培训业等在乡村经济中发挥着重要的作用，同时也存在一些问题和挑战，如人才短缺、资金匮乏等。未来，随着人们对美好生活的追求以及政府对乡村发展的支持，乡村服务业的结构将会进一步优化和完善。

(二)乡村服务业的结构特点

1. 多样化的服务业部门

乡村服务业涵盖了餐饮、住宿、旅游、文化娱乐、教育、医疗保健等领域。服务业部门在乡村发展中具有不可替代的作用。例如,餐饮业为当地居民和游客提供饮食服务,旅游业为乡村带来经济收入和就业机会,教育业为农村儿童提供优质教育资源。多样化的服务业部门为乡村经济增长和社会发展提供了广阔空间。

2. 人力资源优势

乡村地区常常拥有丰富的劳动力资源,而服务业的发展恰好能够充分利用这一资源优势。餐饮类服务业对人力资源的要求不高,可以提供大量技能要求较低的岗位。因此,乡村地区的居民可从事服务业赚取收入,实现就业和增加收入的目标。同时,服务业也提供了培训和提升能力的机会,进一步强化了乡村劳动力的竞争力。

3. 创新与数字化推动

随着科技的不断发展,乡村服务业正迎来创新与数字化的新时代。通过引入信息技术和智能化设备,服务业的效率和质量得以提高。例如,线上预订、网上点餐、电子支付等创新方式使得服务更加便捷和高效。同时,乡村服务业也能够通过数字化手段进行市场推广和产品定位,满足不同消费者的需求。

4. 与农业有机融合

乡村服务业和农业产业之间存在密切的关系。一方面,农业的发展为服务业提供了原材料、资源和市场需求。例如,农产品提供了餐饮业所需的食材,农田观光景区为旅游业提供了吸引力。另一方面,服务业的发展促进了乡村农业的转型升级。通过乡村旅游、休闲农业等形式,农业生产得以转型,附加值增加,提高农民收入。

乡村服务业的结构呈现出多样化、人力资源优势、创新与数字化推动以及与农业产业有机融合等显著特点。这为乡村服务业的发展提供了重要的支撑和机遇,也为乡村经济的增长和社会进步带来了新的动能。

第二节　乡村产业振兴的原则

一、市场导向原则

（一）市场导向原则的体现

乡村产业振兴强调以市场需求为导向，通过市场机制引导产业发展。市场导向原则主要体现在以下几个方面。

乡村振兴强调的是以市场需求为导向的产业发展。传统乡村产业的发展往往以政府规划为导向，忽视了市场需求的变化和消费者的需求。在乡村振兴战略下，通过调查研究和市场分析，把市场需求作为产业发展的主导因素，从而实现产业发展和市场需求的有效对接。

乡村产业振兴注重的是企业家精神和市场竞争。乡村产业振兴需要农民主动参与市场竞争，培养和激发农民的创业精神，鼓励农民不断创新，发现和分析市场机会，做出相应的产业调整和创新创业，以适应市场竞争的变化。

乡村产业振兴强调的是供给与需求的平衡。乡村产业振兴需要根据市场需求调整产业结构和产品供给，通过市场调研和需求预测，及时了解消费者的需求变化和市场趋势，引导农民调整产业布局，优化产品结构，提高产品的适应性和竞争力。

乡村产业振兴强调市场机制的引导和支撑。市场机制是推动乡村产业振兴的重要保障，通过价格调整、竞争、资源配置等方式，引导和激励农民参与市场经济，调动农民的积极性和创造力，实现乡村产业市场化、专业化和规模化发展。

乡村产业的发展以市场需求为导向，注重企业家精神和市场竞争，平衡供需关系，并发挥市场引导作用。在实际操作中，乡村产业振兴需遵循市场导向原则，推动乡村产业发展与市场需求有机对接，进而实现乡村高质量发展。

（二）市场导向原则在乡村产业振兴中的应用

市场导向原则要求乡村产业发展与市场需求相契合，即根据市场需求来调整和优化乡村产业结构。这意味着乡村产业应该以消费者的需求为导向，通过市场调研和需求分析，确定哪些产业具有竞争力和潜力，并为其提供必要的支持和资源。例如，在某一地区，由于气候和土壤条件适宜，种植某种特色农产品具有较大的市场需求，那么该地区产业发展的重点应该放在这一特色农产品的种植、加工和销售等环节上，以满足市场需求。

市场导向原则要求实施差异化竞争策略，以在市场中获得竞争优势。在乡村产业振兴中，提供独特的产品或服务以及创新的经营模式和营销策略，可以从激烈的市场竞争中脱颖而出。例如，可以采用绿色、有机的农业生产方式，生产高质量的农产品，以满足消费者对于健康、可持续的需求，从而获得市场竞争优势；可以运用互联网和电商平台，拓展销售渠道，提高产品的知名度和市场份额。

市场导向原则还要求强化质量和品牌建设，以提升乡村产业的竞争力。在当前市场竞争日益激烈的背景下，乡村产业需要注重产品和服务的质量，倡导诚信经营和保证消费者权益，建立起品牌和口碑优势。建设和推广具有地方特色和品牌效应的农产品，吸引更多的消费者和商家的关注，进而促进乡村产业的发展和壮大。通过建立合作社和协会等组织形式，推动原材料供应、生产加工、销售渠道等各个环节协同合作，提高整体供应链的质量和效率。

在乡村产业振兴中，需要根据市场需求来进行产业结构调整和优化，实施差异化竞争策略，强化质量和品牌建设。只有与市场紧密对接和不断创新，乡村产业才能够持续发展，实现产业振兴目标。因此，在制定相关政策和措施时，应充分考虑市场导向原则的重要性，并将其贯彻到乡村产业发展中。

（三）市场导向原则对乡村产业振兴的影响

市场导向原则作为乡村产业振兴的重要理念和指导原则，对乡村产业发展产生了积极影响。

在市场导向原则的引导下，乡村产业能够更加精准地满足市场需求，从而提高乡村产业的竞争力和市场开拓能力。

市场导向原则促使乡村产业注重产品和服务的特色与差异化。乡村产业需要深入了解市场需求，根据消费者的喜好和偏好进行产品设计和创新。通过提供独特的产品和服务，乡村产业能够在激烈的市场竞争中脱颖而出，获取更多的市场份额。

市场导向原则推动乡村产业加强市场营销和品牌建设。只有主动出击，积极拓展市场渠道，才能够更好地将乡村产业的产品和服务推向市场。通过运用市场营销策略，如宣传推广、渠道拓展和品牌传播等手段，乡村产业能够增加品牌影响力，获得更多的市场关注和认可。

市场导向原则鼓励乡村产业加强与市场的互动与合作。乡村产业通过与市场的沟通和协作及与供应商、分销商、零售商等市场主体的合作，实现了资源共享和互利共赢。只有与市场密切合作，乡村产业才能够及时获取市场信息、了解市场动态，更好地把握市场机遇，挖掘潜在需求，实现长期可持续发展。

综上，市场导向原则对乡村产业振兴起到了积极的推动作用。通过关注市场需求、强调产品特色与差异化、加强市场营销和品牌建设以及加强与市场的互动、合作，乡村产业能够更好地适应市场变化、不断提升自身竞争力，实现乡村产业振兴和可持续发展的目标。因此，在乡村产业振兴过程中，要坚持市场导向原则，将市场导向理念贯穿于整个产业链条，引领乡村产业向更高水平迈进。

二、联农带农原则

（一）联农带农原则理论阐述

联农带农的核心思想是通过农民与农业产业的紧密结合，实现农业转型升级，推动乡村经济的发展。

1.农民与农业产业共同发展

过去，农民过度依赖土地收入，导致农村经济增长缓慢。而联农带农原则可以引导农民参与农业产业链的各个环节，与邻里村民成为农业产业合作伙伴，共同分享产业价值，实现农民收入稳定增长。例如，通过发展农民合作社、农业合作社等组织形式，提升农民的组织能力和经营水平，推动农业产业规模化、集约化发展。

2.农业供应链深度融合

农业产业链的各个环节密不可分，只有各环节之间紧密衔接和合作，才能实现农业产业的协同发展。联农带农原则通过构建农产品生产、加工、销售一体化体系，实现农产品从田间地头到餐桌的全程可追溯，确保农产品的质量和安全，通过深度融合，实现资源优化配置，提高农产品的附加值。

3.农业与农村其他产业融合发展

乡村产业振兴不能局限于农业领域，还需要促进农村其他产业的发展。联农带农就是要在发展农业的同时，进一步发展农产品加工业、农村旅游业、农村电商等农村非农产业，实现农村经济多元化发展，提高农民收入水平，改善农村居民的生活质量。农村其他产业的发展也会带动农业的需求，形成良性循环。例如，农村旅游业的兴盛将带动农产品的销售，促进农民收入增加。

4.农业产业的科技创新和技术进步

联农带农原则通过促进农业科技的研发与应用，引导农民更新观念，改善生产方式，提高农产品的质量和产量。同时，在农产品销售和市场开拓方面进行创新，提升农产品的市场竞争力和附加值，应用"互联网＋"、大数据等先进技术，打造农产品品牌形象，扩大市场份额，增加产品附加值。例如，在农业产业园区引入农业科技、农业机械等先进技术和设备，提升生产力和产业效益。

（二）联农带农原则在乡村产业振兴中的应用

在乡村产业振兴中，联农带农原则被广泛应用，为乡村经济的发展注入了新的活力。下面将探讨联农带农原则在乡村产业振兴中的具体应用。

1.农村各主体之间的合作和协同发展

农民通过与农产品加工企业、农业科技机构、农业农村部门等各方紧密合作，可以实现资源共享、优势互补，从而提高乡村产业的竞争力。例如，乡村合作社与农产品加工企业合作，将农产品加工转化为具有附加值的产品，提高销售价格，增加农民收入；农业科技机构与农民合作，提供先进的农业技术和种植管理方法，帮助农民提高农产品的产量和质量。这种合作模式能够有效促进农村产业链的延伸和优化，推动整个乡村经济的发展。

2.发展农产品加工业和农村旅游业

农产品加工业能够将农产品加工为具有高附加值的产品，满足市场需求，提高农民的收入。而农村旅游业则能够充分利用乡村的自然环境和人文资源，发展特色农业观光、乡村民宿等，吸引游客前来游览和消费，提高农村经济的综合效益。

3.农产品品牌建设与营销推广

乡村通过打造特色品牌,加强对农产品的宣传和推广,可以提高产品的知名度和美誉度,进一步拓宽市场渠道。例如,在乡村产业振兴中,一些地方重点推广当地特色农产品,如绿茶、果蔬等,通过举办农产品展销会、开展电商平台销售等方式,吸引了大量购买者,提高了产品的销售额,加强了品牌建设和营销推广,为农产品的升级和品质提升提供了有力支撑。

联农带农原则在乡村产业振兴中的应用体现为多方合作、多产业融合,通过农村主体之间协同发展、农产品加工和农村旅游业发展以及农产品品牌建设与营销推广,为乡村经济的振兴注入了新的动力和活力。在联农带农原则指导下,乡村产业将迎来更加广阔的发展前景。

(三)联农带农原则对乡村产业振兴的影响

联农带农原则注重农村资源的综合利用,实现了农业与农村其他产业的有机结合。在传统农业模式中,农产品生产与加工、销售相对独立,资源未能得到充分利用。而引入联农带农原则,使农村资源得以有效整合,农产品生产与加工、销售环节实现了紧密衔接,有效消除了资源浪费的现象。

联农带农原则推动了乡村经济结构优化升级。通过联农带农原则,农村经济由传统以农业为主的结构转变为农业与其他产业协调发展的新格局。在农村产业振兴过程中,吸纳农民就业、提高农民收入是一个重要目标。而联农带农原则的实施,鼓励了农民积极参与农村非农产业,拓宽了农民的就业渠道,增加了农民的收入来源。农村非农产业的发展也为农村居民提供了更多的服务与就业机会,推动了乡村经济的全面升级。

联农带农原则推动了乡村产业的技术创新与提升。在传统农村经济模式中,农业生产技术水平相对较低,导致了农产品质量和效益不高。而联农带农原则的引入使农村产业能够与其他先进产业联动,促进技术交流与创新。例如,农村与城市合作成立科技合作社,引进城市先进的生产技术、销售渠道等,使农村产业能够更好地适应市场需求并提升自身竞争力。技术创新也为农村产业提供了更多的发展机遇。

联农带农原则对乡村产业振兴的影响是多方面的,通过资源整合、经济结构优化和技术创新,推动了乡村经济持续发展,提升了农产品的质量和效益,带动了农村居民的就业与收入增长。在乡村产业振兴的道路上，联农带农原则将继续发挥重要作用，并为农村经济的可持续发展做出更大的贡献。

三、绿色引领原则

（一）绿色引领原则理论阐述

乡村产业振兴强调以绿色发展为导向，注重保护生态环境，提倡可持续发展。乡村产业振兴强调采用环保的生产方式和技术，减少污染物排放，保护土壤、水源和空气质量，提高农产品的品质和安全性；乡村产业振兴强调优化资源配置，提高资源利用效率，通过推行循环经济、节约能源、回收利用等措施，实现资源的循环利用，减少资源浪费；乡村产业振兴鼓励农民进行生态农业、有机农业等绿色农业的种植和养殖，加强对生态系统的保护和管理，增强土地的生产力和持续利用能力；乡村产业振兴倡导发展绿色旅游业和绿色服务业，推动乡村经济多元化发展，提高农民的收入水平。

在乡村产业振兴中，实施绿色引领原则的目的是提升乡村产业的竞争力。注重绿色环境建设和产品质量的提升，可以增加消费者的信任度和满意度，提高乡村产品的市场竞争力，推动农村创新发展。绿色引领原则鼓励创新创业，推动农业技术进步和农民素质的提升，为乡村产业振兴注入新的活力；带动相关产业发展，促进产业协同和区域经济发展。发展绿色旅游、绿色服务业等，可以带动农村第一、第二、第三产业融合发展，提升乡村产业的综合效益；改善农村环境，提升农民的生活质量。减少污染物排放，可以改善农村生活条件，改善农民的生活环境和生活品质。推动绿色产业发展，提高农产品的附加值，可以增加农民的收入来源，提高农民的收入水平；带动农村可持续发展，实现乡村经济的长期稳定发展。

（二）绿色引领原则在乡村产业振兴中的应用

绿色引领原则意味着在发展乡村产业的过程中，必须注重保护环境、促进可持续发展。具体而言，在应用绿色引领原则时，我们可以采取一系列措施，以确保乡村产业绿色、可持续发展。

1. 在乡村产业规划中强调环境友好性

我们需要挖掘乡村的自然资源和环境优势，避免对自然环境造成过度破坏。

例如，在农产品种植方面，可以鼓励农民使用有机肥料，减少化学农药的使用，以保护土壤的生态平衡；在家禽养殖方面，可以提倡生态养殖，减少养殖过程中的污染物排放，保护水源的纯净度。通过这些措施，我们可以确保乡村产业在发展的同时不对环境造成不可逆转的破坏。

2. 乡村产业的循环利用

在乡村产业生产和消费过程中，我们要尽量减少资源浪费，最大限度地提高资源的利用率。其中关键的是要推动农村产业的资源回收和再利用。例如，在农产品加工中，可以将农产品的剩余部分用于生产有机肥料或动物饲料，以实现循环利用；可以将农民闲置的土地开发成农家乐或观光农园，实现资源的多元化利用。

3. 乡村产业的绿色技术创新

在传统产业的基础上引入高新技术、优化生产过程，可以实现绿色发展。例如，在农业生产中，可以推广使用智能化农业设备，减少人力资源浪费；在工业制造方面，可以研发和应用清洁能源，减少产业排放的污染物。通过技术创新，我们可以提高乡村产业的竞争力，促进其可持续发展。

在乡村产业振兴中，通过注重环境友好性规划、资源循环利用和技术创新，我们可以实现乡村产业的绿色发展，为乡村经济提供可持续性的动力。在实践中，政府、企业和农民应积极合作，共同推动绿色引领原则在乡村产业振兴中的应用，为乡村的可持续发展作出贡献。

（三）绿色引领原则对乡村产业振兴的影响

1. 有利于乡村生态环境的保护和可持续发展

通过推行绿色生产方式和绿色供应链管理，乡村企业和农民采取了一系列措施来减少对环境的污染和资源的浪费。例如，农村企业在生产过程中采用了清洁能源替代传统能源，减少了二氧化碳的排放；农民通过科学利用土地和农业循环利用等措施，有效地促进了土地资源的可持续利用。绿色引领原则的引导不仅降低了乡村产业对环境的不良影响，也为乡村产业的长期发展打下了良好的生态基础。

2.促进了乡村品牌建设和市场竞争力提升

在乡村产品消费市场中，越来越多的消费者开始关注产品的质量和环境友好性。绿色引领原则的引入使得乡村产业通过提供高质量、环保的产品来满足消费者的需求，从而提升了品牌形象和市场竞争力。以农产品为例，绿色引领原则要求严格遵循农药和化肥的使用标准，保证产品的无公害和绿色安全。这种理念得到了消费者的认可，使得乡村产品在市场上享有良好的声誉，并取得了较大的市场份额。

3.为乡村产业创新提供了机遇

在以往的乡村产业中，由于重视生产规模和产量而忽视对环境的影响，乡村产业创新的空间相对较小。随着绿色引领原则的引入，乡村产业在解决环境问题的同时必须进行技术和管理创新。绿色引领原则要求乡村产业实现资源高效利用、减少废物排放和节约能源等目标，这为乡村产业提供了创新的动力和方向。通过引入新技术和新模式，乡村产业能够实现优化资源配置、提高生产效率，进而推动产业发展升级和转型。

绿色引领原则促使乡村产业更加注重生态环境保护和可持续发展，提升了产品的品牌形象和市场竞争力，并为乡村产业的创新和升级提供了机遇。在应用绿色引领原则的过程中，政府、企业和农民应共同努力，加强合作，推动绿色引领原则的落地和实施，为乡村产业振兴注入新的活力。

（四）绿色引领原则在乡村产业振兴中的实践

1.农田生态修复

某农村实施了农田生态修复措施，恢复了土壤的肥力，改善了农田的水土环境，提高了农作物的产量和质量。此外，引进了天然有机肥料以及生物农药，进一步减少了对化学农药的依赖。农产品的质量得以大幅提升，得到了市场的广泛认可，销售额持续增长。

2.农业科技与农业创新

通过引进先进的种植技术和设备，农民实现了高效种植和科学管理。例如，利用传感器和自动化控制系统，对养殖环境进行实时监测和控制，提高了动物养殖的效率和养殖品质。同时，积极进行农业科技研发，推广新品种、新技术。这些创新措施带动了产业发展，提高了农产品的附加值和市场竞争力。

3.生态旅游与农产品深加工

山区乡村大力振兴生态旅游，将农产品深加工作为绿色引领原则的切入点。保护和修复自然环境，开展生态旅游，吸引了大量游客前来观光和休闲。推动农产品深加工，将农产品加工成各种精细化、特色化的农副产品。例如，将草莓加工成果酱、果冻，将柿子加工成干果、蜜饯。这些加工产品与旅游业的结合，为乡村经济带来了新的增长点，提高了农产品的附加值。

在乡村产业振兴中遵循绿色引领原则，我们能够有效实现乡村经济的可持续发展。我们应该进一步深化绿色引领原则的研究和应用，推动乡村产业振兴迈上新的发展台阶。

四、创新驱动原则

(一)创新驱动原则理论阐述

在乡村产业振兴的过程中要以创新为核心，通过引入新技术、新产品、新模式等创新要素，推动乡村产业升级和发展。

现代市场经济的发展要求企业根据市场需求来创新，以满足消费者的需求。类似地，在乡村产业振兴中，也需要将市场需求作为产品、技术创新的方向。通过市场调研、定位和分析，可以确定乡村产业振兴的方向和重点，为创新提供明确的目标和方向。

农村地区的产业振兴必须与农民的利益和增收密切相关。在创新驱动过程中，需要将农民纳入其中，通过提供培训、技术支持、产业合作等方式，推动农民参与乡村产业振兴。只有联农带农，才能形成利益共享、持续发展的良好局面。

在乡村产业振兴过程中，要将绿色、环保、可持续发展等新理念贯穿到乡村产业振兴的各个环节。例如，在农业领域，倡导有机农业、精准农业等绿色种植模式；在工业领域，推动清洁能源替代传统能源；在服务业领域，注重低碳、环保的旅游业发展等。

创新不是一时突发的灵感，而是需要长期积累和持续投入的。在乡村产业振兴中，需要鼓励创新思维的培养，加强人才培训和技术引进，提高乡村产业发展的创新能力，从而推动整个产业链的创新。

（二）创新驱动原则在乡村产业振兴中的应用

乡村产业振兴强调以创新为核心，推动乡村产业升级和转型。在乡村产业振兴中，创新驱动原则的应用有以下四个方面。

1.通过技术创新实现农产品附加值的提升

在乡村产业振兴中，技术创新是至关重要的一环。引进先进的农业科技和大数据分析技术，可以提高农产品的品质和生产效益。例如，在家禽养殖中，利用智能化的饲养设备和精确的饲养管理，可以提高禽产品的产量和质量，从而提升农产品的附加值。

2.实现农村经济多元化发展

传统的农村经济主要以农业为主，但随着乡村产业振兴的推进，农村经济需要向多个方向拓展。创新驱动原则可以帮助农村发展出适应市场需求、有竞争力的新兴产业，实现农村经济的多元化发展。例如，发展农村旅游、乡村特色手工艺品等新兴产业，可以吸引更多的游客和消费者，为农村经济发展注入新的活力。

3.加强乡村产业合作与联盟

乡村产业振兴需要各方的合作和协同，创新产业合作形式。通过建立农业合作社、专业合作社等组织形式，实现农民联合经营和资源共享，可以实现规模化生产和提高市场竞争力。同时，也可以与城市企业、科研机构等合作构建起城乡合作联盟，促进知识、技术和资本的流动，推动乡村产业创新与发展。

4.培养与引进创新人才

乡村产业振兴需要有一支专业化、创新型的人才队伍来推动。因此，乡村产业振兴应注重培养农村青年人才，鼓励他们在农业科技、乡村经济管理等领域发展，为乡村产业的创新和发展储存后备力量。同时，还可以引进外部的专业人才，为乡村产业振兴注入新的思想和技术，推动乡村产业升级和发展。

在乡村产业振兴中，通过技术创新、多元化发展、合作联盟和人才培养等，可以推动乡村产业创新，促进乡村经济发展，实现乡村的振兴和现代化。只有不断践行创新驱动原则，乡村产业才能持续健康发展，为农民带来更好的收益和生活质量。

（三）创新驱动原则对乡村产业振兴的影响

创新驱动是乡村产业振兴的重要理论基础，其在实践中也展现出了显著的效果。

1. 推动了乡村产业结构转型升级

传统的农业生产方式已经难以满足现代乡村发展的需求，而通过创新驱动，可以引入先进的科技、技术和管理模式，实现农业的数字化、智能化和精细化发展。这不仅提升了乡村产业的竞争力，还为农民带来了更多的就业机会。

2. 促进了乡村产业协同发展

在过去，各个乡村产业之间缺乏有效的沟通和协作，导致资源浪费和效益低下。但通过创新驱动，可以打破各行业之间的壁垒，实现资源共享和优势互补。例如，在乡村旅游产业中，农业、文化、旅游等行业可以相互联动，形成一个有机的产业链，为区域经济的蓬勃发展提供强有力的支撑。

3. 提升乡村产品品质和品牌价值

传统的乡村产品往往被贴上廉价、粗糙的标签，难以在市场上获得高价值的认可。而通过创新，引入高端技术和先进管理理念，可以提升产品的品质和附加值，创造独特的乡村产业品牌，通过品牌认知打造品质和口碑，进而实现乡村产业的高价值化。

从乡村产业结构的转型升级、协同发展到品质提升和品牌价值的塑造，创新驱动原则为乡村产业的可持续发展开辟了新的道路。但需要注意的是，在创新驱动过程中注重保护乡村的传统文化和生态环境，以确保乡村产业振兴在实现经济效益的同时能实现社会效益和环境效益。

第三节　乡村产业振兴的方法

一、建立现代农业体系

（一）农业规模化经营体系

在乡村产业中，规模化经营不仅能够提高农业的生产效率，还能够增加农民的收入，并推动农村经济的发展。那么，如何有效地发展规模化经营呢？

1. 加强农业生产的组织化建设

通过组织农民合作社、农业经济合作社等形式，可以将农户的土地资源集中起来，形成农业生产的规模效益。农民可以共同投入资金、技术和管理，减少个人风险，提高整体效益。建立农业专业合作社，引入现代管理模式，为农民提供技术培训、市场信息等支持，有利于提高农业生产的规模化水平。

2. 推动农业发展机械化

引进先进的农业机械设备，可以降低劳动强度，提高生产效率。通过规模化经营，可以合理配置农机具资源，减少闲置，实现农业机械设备的优化使用。还可以通过农业机械合作社等形式，实现农机具集中采购、共享，进一步降低农机具的成本，提高资源利用率。

3. 加强农业生产的标准化管理

建立农业生产质量标准体系，规范农业生产过程，提高产品的质量和安全性，有助于提升产品的市场竞争力。通过标准化管理，可以实现农产品溯源，提高消费者对农产品的信任度。另外，通过培育农产品品牌，既能够提升产品附加值，还能够增加农民的收入。

4. 加强对农业规模化经营的政策支持

政府可以加大对规模化农业生产的资金扶持力度，提供贷款、补贴等政策支持，降低创业成本，鼓励更多的农民参与进来。同时，要加强对规模化经营的技术指导和培训，提高农民的管理水平和专业能力。

乡村在推进规模化经营的过程中，需要加强组织化建设、推动农业发展机械化、加强标准化管理以及加大政策支持力度。这些举措的实施可以提高农业生产的效益和竞争力，推动乡村经济快速发展。

（二）农业设施体系

引入现代农业设施，可以提供一系列的技术支持和便利条件，帮助农民有效提高农业生产的效率和质量。

引入现代农业设施可以提高农业生产的自动化水平。传统的农业生产方式通常依赖人力劳动，效率较低且易受季节气候的限制。通过引入现代农业设施，诸如自动化种植机械、智能化喷灌系统等，农民可以更好地利用技术手段，实现农业生产的机械化和智能化，提高劳动生产率。

引入现代农业设施可以改善农产品的生长环境。现代农业设施，如温室、温控设备等，可以在一定程度上控制温度、湿度和光照等因素，为农作物创造良好的生长环境，有利于农作物的生长和发育。优化种植环境，不仅能够提高农产品的产量和品质，还能够实现农作物的异地栽培和全年连续供应，增加农产品的市场竞争力。

引入现代农业设施还可以为农业生产提供精细化的管理手段。通过智能化监测设备、远程控制系统等，农民可以实时了解农作物生长情况，并及时采取相应的管理和调控措施。精细化的管理不仅能够最大限度地利用资源，减少浪费，还能够提高农产品的稳定性和一致性，满足消费者对产品质量的更高要求。

引入现代农业设施不仅能够提高农业生产的效率和质量，还能够为农民创造更好的经济效益和生活条件，推动乡村产业可持续发展。因此，引入现代农业设施是乡村产业振兴的必要手段之一。

（三）农产品产销体系

在推动乡村产业振兴的过程中，建立农产品产销体系能够实现农产品的有序生产和流通，提高农民的收入水平，促进乡村经济的发展。

1. 建立农产品产销平台

建设农产品交易市场、农产品电商平台等，可以实现农产品的集中交易和信息共享，降低交易成本，提高产品销售效率。农产品产销平台可以为农民提供更多的销售渠道，使农产品能够更广泛地进入市场，满足多样化的消费需求。

2. 加强农产品物流配送

优化农产品物流配送网络，提高运输效率和商品质量，可以减少农产品在流通过程中的损耗和质量问题，确保产品及时、安全地到达消费者手中。此外，利用现代技术手段，如物联网、大数据等，可以实现对农产品物流过程的实时监控和管理，提高物流运作的效率和可靠性。

3. 加强对农产品市场信息的采集和分析

搜集市场需求、价格波动等信息，可以帮助农民科学决策，调整农产品的生产结构，提高农产品的市场竞争力。同时，利用大数据和人工智能等技术手段，对市场信息进行分析和预测，可以为生产者提供精准的市场预警和供应链优化建议。

建立农产品产销平台、强化农产品物流配送以及加强对市场信息的采集和分析，可以实现农产品的有序生产和流通，推动农村经济融合发展。为此，政府应当加大对农产品产销体系建设的支持力度，同时也需要农民、企业和社会各界的共同努力，共同推动农业产销体系健康发展。

（四）农产品质量监管体系

为了提高乡村产业振兴的效果，提升农业产品质量，更好地满足不断增长的市场需求，我们需要建立全面、系统的农产品质量监管体系。农产品质量监管包括从农田管理到农产品采收、储存、加工、销售等全过程的监管。我们可以通过加大监测力度、严格执行农药残留限量标准、加强质量检验等手段来确保农产品的质量和安全。这不仅能够增强消费者对农产品的信任度，也有助于提高农产品的附加值和市场竞争力。此外，加强对农产品品牌建设和知识产权保护的管理，可以提升农产品的品牌形象和市场认可度。

为保证农产品质量，需要引入先进的农业技术和设备，提高农产品的生产效率和质量稳定性。同时，需要推行科学施肥、病虫害综合防治和良好的灌溉管理等措施，提高农产品的品质和产量。

此外，要加强农业企业的质量管理能力，建立健全规范的质量管理体系，制定并执行严格的质量标准，提高农业企业的自觉性和主动性，确保产品质量符合国家标准和市场需求。

农村可以与农业科技机构合作，共同开展农产品质量技术研究和示范推广工作，提供科学支撑和技术指导；或者与行政部门合作，加强对农产品质量的监管，形成多方合力，共同推动农产品质量的整体提升。

建立全面的质量监管体系，增强农业企业质量管理能力，加强与相关部门的合作，可以不断提高农产品的质量水平，提升乡村产业的竞争力，实现乡村振兴的目标。

二、强化农业科技支撑

（一）农业科技研发

在当前时代背景下，加强农业科技研发具有非常重要的意义。首先，加强农业科技研发可以推动现代农业经营体系的建立和发展。现代农业需要依托科技创新来提高生产效率、降低生产成本，从而实现农业的可持续发展。其次，加强农业科技研发可以提升农产品的技术含量和附加值，促进农业产业链优化升级。通过科技研发，我们可以培育出更加适应市场需求、高附加值的农业产品，提高农产品的品质和市场竞争力。

为加强农业科技研发，我们需要加大科研资金投入，鼓励科研机构加强农业科技创新。在增加科研经费的同时，要优化经费使用，确保科研项目顺利开展；要加强农业科技团队建设，培养一支专业化、高素质的科技团队。此外，要引进优秀人才、加强科研人员培训，提高科技人员的创新能力和科研水平；要加强与高校、科研院所等机构的合作，借助其科研力量为农业科技研发提供支撑。

（二）农业科技成果转化

将科研成果转化为实际的生产力，可以促进农业现代化进程。针对乡村产业振兴的需要，应不断提升科技成果转化的效率和质量。

1. 加强科技成果的筛选工作

面对众多的科技成果，我们要根据乡村产业振兴的需求，选择具有实际应用价值和发展潜力的科技成果进行转化。这需要建立科技成果的筛选体系，制定技术、市场潜力、社会效益等方面的筛选指标，以便在多个科技成果中选择出最具推广和应用前景的成果。

2.建立科技成果投入和转化支持机制

科技成果转化需要资金、人力和资源的支持，因此必须建立相应的机制。一方面，政府应该加大对科技成果转化的财政投入，支持科技成果的推广和应用；另一方面，政府应该建立科技成果转化的市场机制，吸引社会资本参与科技成果的推广和应用，促进农业科技成果与市场需求对接。

3.加强科技成果的示范工作

农业科技成果只有得到广大农民的认可和应用，才能产生最大的效益。因此，要加强对科技成果的示范。在乡村建设示范基地，开展农业技术培训，向广大农民普及科技成果的应用方法和效益，增强农民对科技成果的认识和接受程度，进一步推动科技成果转化的质量和效率。

4.建立农业科技成果转化跟踪评估机制

科技成果转化不是一次性的事情，而是一个持续的过程。我们要建立起科技成果转化跟踪评估机制，及时了解转化效果，发现问题和不足，并根据评估结果采取相应的调整和改进措施，以提高科技成果转化的成功率和真实效益。

只有将科技成果转化为实际的生产力，才能推动乡村产业振兴的进程。因此，在加强农业科技研发的同时，也要注重提升科技成果转化的效率和质量，促进农业科技与乡村产业融合发展。

（三）农业科技推广

农业科技推广的目的是将科技成果转化为现实生产力，促进农业生产高效、可持续发展。在加强农业科技推广方面，应采取一系列的措施，以提高农民对农业科技的接受度和应用水平。

1.完善科技推广机制

政府应加大对科技推广的投入，设立专门的经费和项目，鼓励科研机构、农业技术人员积极参与农业科技推广工作。建立科技推广队伍，培养和引进一批专业技术人员，提高他们的综合素质和专业能力，以提供科技支持和指导。

2. 加强科技推广宣传

通过各种渠道，如广播、电视、报纸、网络等，向农民广泛宣传农业科技成果及推广项目的相关信息。另外，组织科技示范活动和科技培训班，邀请专家学者深入农村，向农民介绍并演示先进的农业科技和技术，让农民亲眼见证和体验到科技带来的好处。

3. 加强科技企业和农民的合作

积极推动农民和科研机构、科技推广单位合作，建立稳定的合作关系，寻求科技支持、技术指导和资金支持。科研机构和科技推广单位可以提供科技咨询、培训和技术服务，共同为农民提供高质量的农业科技推广服务。

4. 加强科技推广监督和评估

建立科技推广监测体系，定期对科技推广工作进行评估和总结，及时发现问题和不足，并采取相应的措施加以改进。同时，加强与农民的沟通，听取他们的意见和建议，根据农民的需求有针对性地进行科技推广活动。

加强农业科技推广工作，对乡村产业振兴有着重要的推动作用。只有建立起科技与农业相结合的良好机制，推广先进的农业科技，才能提高农民的生产技术水平和经济收入，推动农村第一、第二、第三产业融合发展。农业科技推广需要政府、科研机构和农民共同努力，形成科技和农业生产紧密结合的良好局面。

（四）培养农业科技人才

在乡村产业振兴过程中，建立农业科技人才培养体系是一个至关重要的环节。只有培养和引进高素质的农业科技人才，才能为农业科技的推广和应用提供强有力的人力资源支持。建立农业科技人才培养体系需要从多个方面入手，如提高科研机构的培养能力，加强人才培养计划的制订和实施，优化培养模式等。

可以与高校、科研院所等合作，建立科技创新中心或实验室，为人才培养提供更好的实践平台。同时，加强教师队伍建设，引进具有丰富实践经验和较高科技水平的教师，提升人才培养的质量和水平。开展科技创新项目、科技成果转化等实践活动，培养学生的创新意识和实践能力，为他们今后从事农业科技工作打下坚实的基础。

人才培养需要建立科学的培养体系和评价体系。从选拔、培养到评价，都应该根据农业科技的需求和特点来制定相应的标准和规程。例如，可以在农业类高校设置专门的农业科技专业，培养具备扎实的理论基础和实际操作能力的人才。并且，要加强与企业、农民合作社等实践基地的合作，将培养过程与实际生产相结合，培养出符合实际需要的农业科技人才。

除了传统的课堂教学，还可以引入实训和实习环节。例如，可以组织学生参与农业科技示范基地的实践活动，让他们亲身参与实际的农业生产，提高他们的实际操作能力。此外，还可以引入创新创业教育，培养学生的创业意识和创新思维，使他们能够在农业科技领域中发挥更大的作用。

提高科研机构的培养能力，制订科学的培养计划和评价体系，优化培养模式，可以培养出更多高素质的农业科技人才，为乡村产业振兴提供坚实的科技支撑。只有这样，我们才能迎来农村发展的新时代。

三、完善产业振兴

（一）调整农业产业结构

我们需要重点培育和发展偏远地区具备竞争力和优势的农产品产业。例如，可以发展特色农产品种植、养殖业、农村旅游等产业，通过品牌打造，提高农产品附加值和市场竞争力。同时，还需要加强对市场需求的调研，确保所发展的产业与市场需求相匹配，以便偏远地区的农民能够获得更好的销售机会。

（二）加强偏远地区合作社和农业合作组织建设

通过组织偏远地区农民集体经济的力量，形成规模化、专业化的生产和经营模式，可以更好地捕捉市场机遇，提高农产品的销售渠道和价值链水平，从而增加农民的收入。

（三）开展农村劳动力技术培训

为了促进乡村产业振兴，可以通过技术培训的方式，提高乡村劳动力的技能水平，增强其参与产业发展的能力，从而推动乡村经济的发展。

1. 加大培训资源的供给

要充分利用当地的优势资源，建立完善的培训机制。例如，可以与当地的高校、职业学校、技术培训机构合作，共同开展技术培训课程。与这些机构合作，可以充分发挥各自的优势，为农村劳动力提供全方位、多领域的技术培训服务。

2. 注重培养农村劳动力的实践能力

技术培训不仅要传授知识，更要注重实际操作能力的培养。可以组织实地考察、实践操作等活动，让农村劳动力亲自参与现代化、科技化的农业生产活动，通过实践掌握技能和积累经验，提高技术应用能力。

3. 注重培训内容的针对性和实用性

根据当地的产业特点和市场需求，制订具体的培训计划，将培训内容与实际需求相结合。针对不同的岗位和行业，制定相应的技能培训课程，培养出具备职业技能的农村劳动力。

4. 加强培训师资队伍建设

培训师资的水平直接影响着培训的质量和效果。因此，需要加强对培训师资的选拔、培养和管理工作。引入专业人才，可以提升培训师资队伍的整体素质，增强培训效果。

加大培训资源供给，注重实践能力的培养，提高培训内容的针对性和实用性，加强培训师资队伍建设。通过这些措施，可以有效提高农村劳动力的技能水平，为乡村产业振兴提供有力的支撑。

(四)建立农村产业振兴资金保障机制

在乡村产业振兴的过程中，建立农村产业振兴资金保障机制是推动乡村产业可持续发展的基础，它不仅能为偏远地区提供经济支持，还能帮助农民脱贫致富、实现可持续发展。

首先，应加大政策扶持力度，确保乡村振兴资金的到位。政府可以制定相关政策，鼓励社会资本投入乡村振兴项目中，并提供适当的财政支持。政府还可以设立专门的振兴基金，用于资助乡村产业发展项目，确保振兴资金的稳定和持续。

其次，需要建立健全的资金监管和使用机制，确保资金的有效利用。在资金到位之后，必须建立相应的监管机制，加强对振兴资金的审计和监督。只有确保资金正确使用，才能最大限度地发挥资金的作用。此外，还应加强对振兴项目的评估与监测，及时发现问题并加以解决，确保资金的合理利用。

再次，需要建立农村产业振兴资金风险分担机制。由于农村产业振兴具有不确定性与风险，为了降低风险，应建立风险分担机制，将风险由偏远地区转移到其他社会层面。相关部门可以承担一定的风险责任，在资金投入方面给予更多的支持，并提供灵活的政策配套措施。

最后，需要搭建资金交流与分享平台，促进振兴资金互通共享。各个偏远地区可以通过平台，分享成功的振兴经验和模式，并互相借鉴和学习。此外，平台还可以促进资金的流动和合作，鼓励更多的社会力量参与乡村产业振兴，推动资金的更好利用和振兴成果的共享。

四、农村劳动力就业保障

在乡村产业振兴的过程中，农村劳动力就业保障至关重要。农村劳动力就业不仅能够增加产业的生产力和竞争力，还能够带动农村经济发展，促进农民增收致富。因此，我们需要采取一系列措施，引导农村劳动力参与产业发展。

（一）积极推动农村劳动力创业就业

政府通过扶持和鼓励政策，为农村劳动力提供创业支持和就业机会，帮助他们实现自主创业和就业。例如，可以建立一些创业孵化基地，提供场地、资金和技术支持，帮助农村劳动力开展创业项目，如农产品加工、乡村旅游等；可以鼓励农村劳动力参与合作社和农民专业合作社，通过集体经营和合作，实现规模化生产和经营，提高农村劳动力的收入水平。

（二）加强农村劳动力的社会保障和福利待遇

建立健全农村劳动力社会保障体系，包括基本养老保险、医疗保险、失业保险等，为农村劳动力提供基本的社会保障和福利待遇。同时，还应该加强对农村劳动力权益的保护，维护他们的合法权益，确保他们能够合法获得劳动报酬和福利待遇。

（三）促进农村劳动力的交流和学习

可以举办各类农村产业发展活动和交流会议，为农村劳动力提供交流和学习的机会，促进经验和技术的分享和交流。同时，还可以开展一些示范项目和试点工作，引导农村劳动力参与产业发展。

通过引导农村劳动力创业就业、加强社会保障和福利待遇以及促进交流和学习，我们可以有效保障农村劳动力广泛就业，推动乡村产业振兴的进程。

五、推动农村产业融合发展

（一）加强农村产业链条衔接

1.充分发挥农村产业链条的纽带作用

农村产业链条是连接农业生产、农村服务业和农产品加工业的关键环节。通过有效的链条衔接，可以实现农村第一、第二、第三产业协同发展，促进资源优势互补，推动农村经济的增长。因此，我们需要加强产业链条的规划与布局，构建合理的产业链条体系，使各个环节相互衔接、有机统一。

2.加强农村产业间的信息共享和合作交流

信息共享是促进农村第一、第二、第三产业融合发展的重要前提。建立信息化平台，将农业生产信息、市场需求信息和农产品加工信息进行共享，能够帮助农民合理安排农作物品种的种植面积，提前预测市场需求，从而提高农产品的质量和产量。同时，加强农村第一、第二、第三产业的合作交流，促进各产业互动和合作，打破信息壁垒，可以进一步加强农村产业链条的衔接，形成产业联动效应。

3.加强政策的支持和引导

政策的支持和引导是促进农村第一、第二、第三产业链条衔接的重要保障。政府可以通过多种方式，如农业补贴、税收优惠和金融支持等，鼓励农村第一、第二、第三产业间的合作与发展。同时，政府还要加强对农村产业链条衔接的指导，制定相关的发展规划和措施，引导各产业间形成合作共赢的发展格局。

发挥链条的纽带作用，加强信息共享和合作交流，强化政策的支持和引导，可以促进农村第一、第二、第三产业协同发展，推动乡村产业振兴进程。在实践中，我们还需要不断总结经验，探索出适合自身实际的衔接方式，以不断提升农村产业链条的效能，为农村经济发展注入新的活力。

（二）发展农村特色产业

农村特色产业是指在农村地区具有一定竞争力和差异化的产业，能够发挥当地资源和文化优势，满足市场需求，创造就业机会，提升农民收入。对于乡村产业振兴来说，发展农村特色产业既能够带动村庄经济的发展，又能够提高农民的生活品质。

1. 明确定位农村特色产业的方向

不同地区有不同的资源和文化底蕴，需要根据实际情况确定适合发展的农村特色产业。可以通过开展市场调研、汇集当地意见等方式，了解市场需求和资源优势，从而确定合适的特色产业方向。例如，有的地区有着丰富的水果资源，可以发展以水果种植和加工为主导的农村特色产业；有的地区则有着得天独厚的自然风景和民俗文化，可以发展以旅游和民宿为特色的农村特色产业。

2. 加大对农村特色产业的支持力度

一方面，政府部门可以制定相关政策，提供资金扶持、税收优惠等，鼓励农民投身到农村特色产业的发展中。另一方面，可以加强对农民的培训和技术指导，提升他们的专业技能和经营管理水平。这样可以提高农民在农村特色产业中的创新能力和竞争力，推动产业可持续发展。

3. 注重农村特色产业的品牌建设

品牌建设是农村特色产业获得市场认可和增加附加值的重要方式。农村要打造具有地方特色和高品质的产品，在市场上树立良好的品牌形象；可以通过加强产品研发、改进生产工艺、提升产品质量等方式，提高产品的竞争力和市场份额；还要加强宣传推广，利用互联网平台和社会媒体等渠道，将农村特色产业推向更广大的市场。

4. 建立健全农村特色产业协作机制

农村特色产业的发展需要各方的支持和协作。可以建立农民合作社、农业龙头企业等组织，促进产业链条上下游的衔接和优化。通过多方合作，共同打造一个良好的集生产、流通、销售于一体的产业链，实现农村特色产业的协同发展。

明确定位产业方向、加大支持力度、注重品牌建设和建立协作机制，可以促进农村特色产业的发展，实现农村经济的振兴和农民收入的增加。这将为乡村产业振兴提供有力支撑，从而推动农村全面发展。

（三）建立农村产业集群

将农村的第一、第二、第三产业有机结合，构建起完整的产业链，实现资源共享和优势互补。例如，可以在农村地区建设综合性农业园区，集中发展农业、畜牧业、水产业等多个产业。这样的产业集群能够提升整体效益，降低生产成本，加强市场竞争力。

（四）推动农村产业跨界合作

农村第一、第二、第三产业融合发展需要不同领域间的合作与交流。可以通过引入相关企业、专家和技术人员，促进农村产业间的交流和合作。例如，可以引入农业科技企业，提供先进的农业科技支撑，帮助农民提高生产技术水平和产品质量。

政府可以发挥引导和规划作用，建立统筹协调机制，促进农村第一、第二、第三产业协同发展。例如，可以建立农业产业发展联盟，组织各相关方共同制定发展规划，并提供政策支持和资源保障，推动农村产业融合发展。

（五）建设农村经济组织

要加强农村经济组织建设，形成农民合作社、农民专业合作社、农业龙头企业等多层次、多形式的农村经济组织网络。这些组织可以促进农村第一、第二、第三产业的有机衔接，为农民提供产销对接服务，实现产销一体化。

在建立农村第一、第二、第三产业融合发展模式的过程中，应注重培育和发挥农民主体作用。鼓励农民参与农村第一、第二、第三产业融合发展，激发他们的积极性和创造力。可以通过培训、资金支持、技术指导等方式，提高农民的经营管理能力，推动农村第一、第二、第三产业融合发展。

第三章　乡村生态振兴

第一节　乡村生态文明建设

一、农民生态文明意识培养

(一)农民生态文明意识培养的原则

农民生态文明意识是指农民对生态环境保护和可持续发展的认知、态度和行为。它包含了对生态环境的尊重、对自然资源的合理利用、对生态平衡的追求等方面的内容。农民生态文明意识的培养应坚持以下三个原则。

1.系统性原则

农民生态文明意识的培养是一个系统性的工作,涉及农民对于整个生态系统的认知和理解。它不是对于某个方面的关注,而是对于整个生态环境的综合把握。农民需要从整体上认识到生态系统的相互关系和相互作用。

2.前瞻性原则

农民需要具备对未来发展的预见性和意识。这意味着农民需要在农业生产和生活中充分考虑到长远的、可持续的发展,而不是仅仅满足眼前的利益需求。要培养农民树立起对未来生态环境的责任感,积极参与到环境保护和可持续发展的实践中。

3.针对性原则

农民不仅是环境的受益者,更要主动参与到环境保护和可持续发展中来。农民作为农业生产者,他们的行为会直接影响到生态环境的质量和可持续性。因此,要有针对性地培养农民参与环境保护的能力,积极改变农业生产方式,减少对环境的负面影响。

农民在不同的生态环境条件下，需要根据实际情况采取相应的环境保护措施和农业生产方式，以确保生态环境的稳定和可持续发展。农民要具备灵活的思维和应对变化的能力。

农民生态文明意识的培养是保障乡村生态农业发展和生态系统修复的基础。在培养过程中，应坚持以上原则，不断加强农民对生态环境保护的认识，推动农村生态文明制度体系的构建和完善。

（二）农民生态文明意识培养的策略与方法

在农民生态文明意识培养的过程中，需要采用一系列策略和方法，使农民逐渐形成环保意识、可持续发展意识和生态保护意识。

1.加强环境教育

开展农村环保知识宣传和普及活动，向农民传达环境保护的重要性和必要性。可以通过举办环境保护讲座、组织参观生态农场和自然保护区等形式，让农民亲身感受到良好的生态环境与农业发展之间的紧密联系。

2.推广生态农业技术

农民在实践中逐渐认识到传统农业生产模式对生态环境的破坏，并开始寻求可持续的农业发展模式。因此，应该加大对生态农业技术的宣传和培训力度，让农民了解生态农业的理念、原理和实践方法，并引导他们在实际生产中应用相关技术，提高农业生产的生态效益。

3.建立激励机制

在农民生态文明意识培养过程中，应该鼓励农民积极参与环境保护和生态农业的实践。可以给予农民经济补贴、奖励认证等，设立生态文明意识培养的先进农户典型，对其他农民进行示范和引导，使更多的农民受到鼓舞和启迪。

4.加强社会组织的支持

农民生态文明意识的培养离不开社会组织的参与和协作。各级政府、农业合作社、环保组织等应该加强对农民的指导和支持，提供技术咨询、政策解读以及交流和学习的平台。通过社会组织的力量，创造更加有利于农民生态文明意识培养的环境和条件。

农民生态文明意识的培养需要采取全面的策略和方法，如加强环境教育、推广生态农业技术、建立激励机制以及加强社会组织的支持，培养农民对生态环境的保护意识和可持续发展的观念，从而推动乡村生态文明制度体系的构建和乡村自然生态系统的修复进程。

二、乡村生态农业发展

（一）发展乡村生态农业的理论基础和意义

乡村生态农业是生态学原理和农业可持续发展理念的结合。生态学原理强调生态系统的平衡和稳定性，农业可持续发展理念强调保护环境、提高农业生产效益。乡村融合了这两个方面的要求，通过优化农业生产模式，减少对自然资源的消耗，实现农业可持续发展的目标。

乡村生态农业对促进农村发展具有积极意义。传统的农业发展模式以高产出为导向，往往忽视了资源的合理利用和生态环境保护，导致农业生产不可持续。乡村生态农业重新审视农业与生态环境的关系，通过改变传统农业的生产方式，注重节约能源、保护水土、生态修复等环境保护措施，实现农业的可持续发展，并为农村经济发展提供新的动力。

（二）乡村生态农业的发展状况与存在的问题

1.资源配置不平衡

地域差异和发展历史的不同以及各地的资源禀赋不同，导致乡村生态农业在资源配置上存在不平衡的问题。有些地区资源丰富，但缺乏有效的开发利用；有些地区资源匮乏，但却面临过度开发的困境。这不仅影响了农村地区的整体经济生态平衡，还制约了乡村生态农业的全面发展。

2.农村生态环境问题

近年来，随着城市化进程的加速，农村地区生态环境问题日益凸显。农业生产中过度施肥、农药使用不当等行为严重破坏了农田生态系统；乱建乱占耕地导致了土地资源浪费和生态环境破坏;水源污染和水资源紧缺问题日益凸显。这些问题直接威胁到乡村生态农业的可持续发展,需要采取一系列综合措施来解决。

3.农村农业产业结构不合理

目前,农村地区依然存在传统农业比重过大、农业产业结构相对单一的问题。传统农业产业链较长、效益较低,无法满足日益增长的农产品市场需求。而新兴农业产业链的建设相对滞后,导致农村地区农业发展缺乏新的增长点。因此,我们需要引导农民转变思维,发展高效农业、特色农业等新兴产业,优化农业产业结构,提升农业综合效益。

4.人才支撑不足

乡村生态农业的发展需要具备专业知识和技能的农业人才来支持。然而,现实情况是,乡村地区农业人才流失严重,高素质人才集聚不足,这给乡村生态农业的持续发展带来了较大的困难。因此,我们需要加强农业人才培养和引进,吸引更多高素质的人才投身于乡村生态农业事业,为乡村生态农业的发展提供坚实的人才支撑。

(三)乡村生态农业的发展策略与对策

乡村生态农业的发展存在资源配置不平衡、生态环境恶化、农业产业结构不合理以及人才支撑不足等问题。为了解决这些问题,我们需要采用以下策略,进一步推动乡村生态农业的发展,满足人民群众对美好生活的向往。

首先,我们应该加强政策支持与引导,建立健全优惠政策体系,鼓励农民参与乡村生态农业的发展。政府可以给予资金补贴、税收减免、优惠贷款等支持,激发农民的积极性和创造力。同时,政府还可以制定相关规范与标准,保障乡村生态农业产品的质量与安全。

其次,我们应该加强科技创新与技术支持,提高乡村生态农业的生产效益和可持续发展能力。通过加大对农业科研与技术推广的投入,培育一批适应乡村生态农业需求的新品种、新技术和新模式。同时,建立农业技术服务体系,为农民提供技术培训、咨询指导和技术支持,提高他们的科技水平和生产能力。

再次,我们应该加强乡村生态农业的市场开拓与品牌建设。通过策划和组织各类农产品展销活动,提高农产品的知名度和美誉度。同时,加强与农产品加工企业和销售渠道的合作与对接，推动农产品从农田到餐桌全过程可追溯监管，并通过电商平台、农产品展销会等方式，拓宽农产品的销售渠道，扩大市场份额。

最后，我们应该注重生态文明教育与培训，增强农民的生态意识和环境保护意识。例如，开展农民培训班、生态文明讲座和青少年农村夏令营等活动，增强农民对生态环境的重视。同时，对农民加强生态法治教育，增强他们的法律意识，引导他们依法从事生态农业生产经营。

乡村生态农业的发展需要从政策、技术、营销和教育等多个方面进行综合施策。只有采用科学有效的发展策略，才能推动乡村生态振兴。

三、乡村自然生态系统修复

(一)乡村自然生态系统破坏的原因与后果

乡村自然生态系统的破坏是由多种因素引起的，对乡村环境和人类社会产生了严重的后果。一是乡村自然资源的过度开发和利用。农民为了获得经济利益，过度挖掘土地、水资源，砍伐森林等行为导致了生态系统中的许多生物衰减和消失。二是乡村生活方式和习惯的改变给自然生态系统带来了负面影响。随着城市化进程的推进和现代化生活方式的引入，农民的生活习惯发生了改变，城市的消费习惯和乡村的生产方式之间存在碰撞，这导致了对农田、湿地、草地等生态系统的不适应，破坏了其原本的稳定性和平衡性。

乡村自然生态系统的破坏带来了一系列的后果。一是生物多样性丧失。乡村生态系统的破坏导致了许多物种灭绝或濒临灭绝，破坏了生态系统内的生物多样性，这对整个生态系统的稳定性和功能产生了不可逆转的影响。二是土壤侵蚀和水资源短缺。土地的过度利用和农业经营方式的不合理导致了土地质量下降和土壤侵蚀的发生，使得农田的生产能力受到严重的损害。同时，水资源的过度开采和污染加剧了水资源的短缺，给农业生产和生活带来了巨大的困扰。三是气候恶化。乡村生态系统的破坏还对气候和环境产生了影响，加剧了自然灾害的发生频率和强度。

(二)乡村自然生态系统修复的原理与方法

乡村自然生态系统的破坏给我们的环境和人类生活带来了严重的后果。为了修复乡村自然生态系统，我们需要以生态学原理为基础。生态学原理认为，任何一个生态系统都是由各个生物群落、物种以及它们之间的相互关系所构成的。

1.保护物种多样性原则

物种是生态系统的重要组成部分，具有稳定生态系统功能、抵抗外界环境变化的能力。我们需要注重保护和恢复物种多样性，如通过建立自然保护区、种植乡土植物、保护珍稀濒危物种等措施，促进生态系统的修复。

2.推行生态农业

生态农业是一种以生态学为基础的农业模式，强调保护生态环境、提高农产品质量、促进农村可持续发展。采用无污染、低耗能、高效益的农业技术和管理措施，可以减少农业对生态环境的负面影响，促进农田生态系统的恢复和发展。

3.借鉴生态系统自我修复机制进行人工干预

我们可以借鉴自然生态系统的自我修复机制，通过人工干预来加速乡村自然生态系统的修复。例如，在受损的生态系统中引入适宜的植被、动物和微生物，重建生物多样性，加强生物间的相互作用。同时，我们还可以通过修复湿地、植树造林、进行水土保持等工程措施来改善乡村环境，促进生态系统的修复。

4.加强法规支持

为了更好地修复乡村自然生态系统，我们需要加强政策法规的支持和管理。制定相关生态保护政策，加强对乡村自然生态系统修复工作的监管，提供资金和技术支持。

乡村自然生态系统的修复需要以生态学原理为基础，采取保护物种多样性、推行生态农业、借鉴自然生态系统的自我修复机制以及加强政策法规支持和管理等方法。通过这些努力，我们可以促进乡村自然生态系统的恢复和发展，实现乡村生态文明的构建和可持续发展。

（三）乡村自然生态系统修复的实践

在实践中，不同地区采取了多种方法来进行乡村自然生态系统的修复，并取得了一定的效果。

某地区通过改善土地利用方式，推行耕地轮作休耕制度以及推广有机农业和生态农业等方式，减少农药和化肥的使用，降低土壤污染，恢复土壤的生态功能。农民采用了有机农业技术和农作物轮作，使土壤的肥力得到提升，水质得到改善，生态系统的稳定性也得到增强。通过建立自然保护区和生态廊道，保护和恢复濒危物种的栖息地，促进乡村生态系统的恢复和稳定。该地村民在河岸旁建立了一片湿地保护区，保护了多种鸟类和水生动物的栖息地，不仅促进了湿地生态功能的恢复，还为农民提供了发展生态旅游和生态农业的机会。

同时，该地还开展了湿地恢复、植被恢复、水资源管理等方面的工作。通过修复湿地、整治水土流失、提高水资源利用效率、改善水质，实现了生态系统的快速恢复；通过植被恢复工程，加强植被保护和植被更新，有效改善了农村生态环境，促进了生态系统健康发展。

（四）乡村自然生态系统修复面临的挑战

乡村自然生态系统修复有着广阔的发展空间和市场前景。随着生态意识的增强和环境保护意识的普及，越来越多的农民认识到了生态环境的重要性。他们开始采取积极的措施来修复被破坏的生态系统，推动农村地区生态环境好转。这不仅对农村发展具有积极意义，还为乡村旅游、农产品销售等新兴产业提供了广阔的市场前景。

乡村自然生态系统修复面临技术和经济的挑战。乡村生态系统的修复需要借助科学技术手段，如植被恢复、土壤改良、水体治理等。这些技术虽然已经相对成熟，但在实际应用中仍然存在一定的难题。例如，植被恢复需要选择适宜的植物种类，土壤改良需要选用合适的肥料和修复剂等。乡村自然生态系统的修复也需要一定的资金支持，这对经济相对薄弱的农村地区而言是一个挑战。

乡村自然生态系统的修复需要解决农民参与的问题。农民是乡村生态系统的利益相关者和主体，他们的参与对于修复工作顺利进行非常重要。由于农民的意识和能力存在差异，需要加大对农民的培训和引导力度，同时还需加强研究，建立农民参与激励机制，以确保他们能够主动参与到生态系统修复过程中。

乡村自然生态系统的修复面临保障生态系统长期稳定运行的挑战。生态系统修复不仅仅是一次性的工作，更需要建立一套完善的管理体系来保障修复效果的长期维持。这就要求社会组织和农民共同参与，并借鉴一些成功的经验，如建立自然保护区、推动耕地轮作休耕制度等，以确保经济发展和生态环境协调可持续。

四、乡村生态文明制度体系的构建

(一)乡村生态文明制度体系的构成

乡村生态文明建设需要建立一系列的制度和规范,旨在促进农村地区的可持续发展和生态环境保护。具体而言,乡村生态文明制度体系的构成主要有以下四个方面。

1.法律法规体系

法律法规体系是乡村生态文明制度体系的基石。国家应该制定相关法律法规,明确乡村生态文明建设的目标、原则和规范,并对违反生态环境保护规定的行为进行严格执法和惩罚,加强法律宣传教育,提高农民的法律意识和环境保护意识。

2.政策导向体系

政府应该出台一系列支持农村生态文明建设的政策,包括财政补贴、税收减免、环境保护激励等,鼓励农民积极参与农村生态建设。政府还应该加强对农村生态文明建设的宣传和培训,提高农民的环保意识和技能。

3.乡村生态管理体系

乡村要建立健全的乡村环境监测和评估机制,加强农村环境监管,确保农村生态环境质量。同时,要加强对农村资源利用和生态保护的规划管理,合理规划农田、林地和水资源的利用,保障生态系统的稳定性和可持续发展。

4.乡村社会组织和居民参与体系

乡村社会组织可以发挥桥梁和纽带的作用,促进政府、企业和居民合作,推动乡村生态建设,鼓励居民积极参与农村环境保护和资源利用,增强居民的环保意识和行动自觉。

各级政府、农民和社会各界应共同努力,形成科学合理、完善健全的体系,以实现农村地区的可持续发展和生态环境的良好状态。只有通过有效的制度规范,才能够推动乡村生态文明建设不断取得新的成果。

(二)乡村生态文明制度体系的建设策略

为了构建乡村生态文明制度体系,需要从以下三个方面入手。

1.完善法律法规体系

乡村生态文明制度体系的建设离不开科学合理的法律法规的支持。相关部门应加强立法工作,制定符合乡村生态文明发展需要的法律法规,加大对法律法规的宣传和落实力度,确保其得到有效执行。

2.加强组织协调

乡村生态文明制度体系的建设和实施需要多个部门协同合作。相关部门应加强沟通和协调,建立健全乡村生态文明工作机制。要加强各级政府、农业部门、环保部门、农民组织等之间的沟通和合作,形成统筹协调的工作格局。

3.加强宣传教育

乡村生态文明制度体系的建设和实施需要广大农民的支持和参与。相关部门应加强宣传教育工作,提高农民的生态文明意识,增强他们对乡村生态文明制度的认知和理解。可以通过开展宣传教育活动、举办培训班、发放宣传资料等方式,引导农民积极参与乡村生态文明制度体系建设。

第二节 乡村生态旅游

一、乡村生态旅游资源管理

(一)乡村生态旅游资源调查与评估

乡村生态旅游资源调查与评估能够为后续的规划和开发提供全面的数据支持和科学的决策依据。资源调查主要包括对自然和人文资源的全面了解,通过系统的调查和研究,对现有的乡村生态旅游资源进行客观、准确的评估。

自然资源包括乡村地理特征、气候条件、土壤状况等。了解自然资源的分布和特点，可以确定适宜开发的地区和资源类型，评估资源的可持续性和生态环境的容量，在保护生态环境的前提下合理利用资源。

乡村自然风光和独特的文化传统是吸引游客的重要因素。因此，对乡村文化遗产、传统习俗、民间艺术等进行深入的调查和研究，将这些资源利用起来，可以打造具有特色的生态旅游目的地。评估文化和人文资源的吸引力和市场潜力，有助于制定开发策略和设计旅游产品。

在资源调查与评估过程中需重视社会经济因素，了解当地社区的发展状况、居民的生计状况和态度，判断资源开发对当地经济社会的影响和效益。同时，也要考虑资源开发对当地居民就业和收入提升的影响，确保乡村生态可持续发展。

只有通过全面准确的调查和评估，才能有针对性地进行规划和开发，实现乡村生态旅游的可持续发展和保护生态环境的目标。在进行资源调查与评估时，应综合考虑自然、文化和人文资源，并充分考虑社会经济因素，以实现生态效益与经济效益的平衡。

（二）乡村生态旅游资源规划

乡村生态旅游资源规划对保护乡村生态环境、提升旅游体验、推动乡村经济发展具有重要意义。我们应确定乡村生态旅游的总体发展定位，明确其与其他旅游形式的区别和互补关系，确定各个乡村的开发重点和特色，将其与地方文化、自然景观紧密结合，打造独具特色的旅游产品。例如，在某个小村庄，我们将其独特的乡村生活体验与环境保护理念相结合，推出“生态农耕体验之旅”，吸引游客亲近自然、感受农耕文化。此外，我们还对资源的保护与利用进行了平衡考量，制定了合理的开发强度和开发规模，以保护乡村生态环境和文化传承。

（三）乡村生态旅游资源开发与环境保护

乡村生态旅游资源开发必须与环境保护相协调，确保生态环境的可持续性。资源的过度开发利用会对环境造成破坏，污染水源，破坏生态系统，甚至引起生物多样性的丧失。因此，在资源开发的过程中，必须采取一系列的环境保护措施，以确保资源的可持续利用。

在资源开发过程中，需要通过生态建设来修复乡村生态系统。生态建设包括植被恢复、水源保护、野生动植物保护等，以重建和维持生态系统的平衡，提升乡村生态旅游的质量，保护和延续乡村的自然景观和文化遗产。

乡村生态旅游资源的开发需要当地社区居民的支持和参与。社区居民是资源开发的直接受益者和管理者，提高他们的环境保护意识十分重要。因此，在资源开发的过程中，必须进行环境教育，加强社区居民对于乡村生态环境的重视，增强他们的环境保护意识。同时，通过社区参与，可以更好地管理和监督资源开发，确保资源的可持续利用。

二、乡村生态旅游地管理

（一）旅游地管理体制

为了有效管理乡村生态旅游地，需要明确各级部门、相关企业和社会组织的职责。

1. 明确政府的主导作用

政府在乡村生态旅游地管理中起着决策、规划、监管和协调的重要作用。政府应当积极推动乡村生态旅游地的规划和建设工作，制定并完善相关的法律法规和政策，确保乡村生态旅游地的可持续发展。政府要加强对乡村生态旅游地的监管，保障旅游资源的合理利用和生态环境保护。

2. 建立健全的协作机制

乡村生态旅游地的管理需要各方共同参与和协作，企业、社会组织和居民之间要形成有效的合作机制。相关部门和管理机构要加强沟通和协调，形成合力，共同推动乡村生态旅游地的发展和管理。要鼓励和支持企业、社会组织参与乡村生态旅游地的开发和经营，推动旅游业与农业、文化等产业融合发展。

3. 加强人才培养和机构建设

乡村生态旅游地管理需要具备一定专业知识和管理能力的人才。相关部门和高校应当加强对乡村生态旅游地管理人才的培养，提供相关培训和教育，提高管理人员的素质和能力。要建立健全乡村生态旅游地管理机构，明确其职责和工作内容，提高工作效率和管理水平。

4.建立监督和评估机制

乡村生态旅游地管理需要建立科学的监督和评估机制，及时发现问题并采取相应的措施加以改进。相关部门要定期对乡村生态旅游地的管理工作进行评估和考核，发现问题及时进行整改，确保管理工作的有效性和可持续性。

在乡村生态旅游地管理中，各方应当积极参与、形成共识、加强合作，确保乡村生态旅游的效果。同时，要不断总结经验，不断完善机制，为乡村生态旅游地的可持续发展提供坚实的保障。

（二）旅游地环境保护

乡村生态旅游地的环境保护工作既关乎旅游业的可持续发展，也关乎当地居民的生活质量。

乡村生态旅游地管理者要加强对旅游地环境的监测和评估。建立环境状况监测系统，定期对旅游地的空气、水质、土壤等环境指标进行监测和评估，及时发现和解决环境问题。通过定期的社会调查和游客满意度调查，了解游客对环境的感知和满意度，从而为改善环境提供依据。

乡村生态旅游地管理者要加强环境教育和环境保护宣传工作。通过开展环境教育活动，提高游客和当地居民的环境意识，加强其保护旅游地环境的意识和责任感。通过宣传、推广旅游地的环境保护成果和举措，吸引更多的游客和投资者。

乡村生态旅游地管理者还应积极引入低碳旅游概念，推广使用清洁能源和可再生能源，减少旅游活动对环境的影响。同时，还可以将生态保护和旅游开发有机结合，通过开展生态修复和自然保护项目，提高乡村生态旅游地的生态质量和观赏性。

（三）旅游地景观规划与设计

乡村生态旅游地景观规划与设计是为了创造美丽宜人的环境，提供与自然和谐共生的体验。对于乡村生态旅游地来说，景观规划与设计不仅要考虑到地理位置和自然条件，还要充分考虑到当地的文化、历史和地方特色。

在乡村生态旅游地景观规划与设计中，需要注重保护自然环境。通过合理的规划和设计，保护自然景观，促进生物多样性保护和生态系统稳定。例如，在景观规划过程中，要尊重和保护原始植被和自然水域，合理利用地形地貌，减少土地开发对自然环境的影响。

在景观规划与设计中，要根据乡村生态旅游地的特色，打造独特的景观。乡村生态旅游地通常拥有丰富的自然资源和文化遗产，这为景观规划和设计提供了丰富的素材。在规划和设计过程中，可以充分利用当地的自然景观、传统建筑和文化元素，创造出独特的乡村风貌。这不仅可以吸引游客，还可以促进当地文化的传承和发展。

另外，在乡村生态旅游地的景观规划与设计中，需要注重游客的体验和参与，提供丰富多样的景观元素和互动性的设计，让游客更好地感受到自然环境和乡村生活的魅力。例如，可以设置观景台、步行小径和户外休闲区，让游客近距离欣赏自然景观、参与农耕体验等。这样的设计不仅丰富了游客的旅行体验，也促进了乡村生态旅游地的可持续发展。

乡村生态旅游地景观规划与设计是保护自然环境、展示地方特色和提升游客体验的重要环节。在这一过程中，需要注重保护自然环境、凸显地方特色和设计游客互动体验。通过科学规划和精心设计，可以打造出独特而有魅力的乡村生态旅游地，促进当地经济发展和社会进步。

三、乡村生态旅游经营模式

（一）社区参与经营模式

社区参与经营模式是乡村生态旅游经营的一种重要模式。在这种模式中，乡村社区成为旅游地的主要参与者和经营者。社区居民以合作的方式共同经营旅游项目，通过开展农家乐、农产品销售、民宿经营等多种形式，实现资源的开发和经济效益的提升。

社区参与经营模式充分发挥了乡村社区的内在资源优势。乡村社区常常拥有得天独厚的自然和人文资源，如美丽的风景、传统的手工艺品和独特的民俗文化等。在旅游项目中充分利用这些资源，可以增加游客的体验价值，提高旅游地的吸引力和竞争力。

社区参与经营模式强调社区居民的参与和共同发展。通过培训和组织，社区居民可以参与旅游项目的经营管理，在其中发挥自己的特长和能力，增加收入，改善生活条件，增强对旅游地的归属感和自豪感，促进社区的可持续发展。

社区参与经营模式注重与外部合作伙伴的协同。社区往往面临资金、技术和市场等方面的限制，需要依靠外部合作伙伴的支持和帮助。例如，与旅行社、酒店合作，可以互相提供客源和资源，实现共赢；与当地政府合作，可以获取政策支持和基础设施建设，提升旅游地的整体发展水平。

（二）公私合作经营模式

公私合作是指政府、民间企业与个体户之间建立合作关系，共同参与乡村生态旅游地的开发、经营和管理。这种模式既能发挥政府的统筹规划和资源整合能力，又能借助民间企业的市场开拓和创新能力，实现共赢。

公私合作经营模式下，政府作为监管者和支持者，负责提供政策支持、规划指导和资金保障，以确保乡村生态旅游地的规范发展。政府可以通过明确的政策导向和相关法规，为民间企业提供稳定的经营环境。同时，政府还可以积极协调各种资源，包括土地、水源、基础设施等，为民间企业提供必要的支持，减轻其经营负担。

民间企业充当主要经营者的角色，承担着乡村生态旅游地的开发、建设和运营管理等责任。民间企业可以根据市场需求和客户需求，灵活地调整经营策略和产品定位，提供多样化的旅游产品和服务。在乡村生态旅游中，民间企业通常能够更好地把握市场动态，灵活调整经营策略，提供更加个性化和多样化的旅游体验。

公私合作经营模式可以促进资源共享和互补。政府和民间企业可以分享资源，互助合作。政府可以为民间企业提供必要的资金、土地和基础设施，而民间企业则可以通过优质的服务和创新的经营模式，为政府带来可观的税收和就业机会。这种合作模式不仅实现了资源的共享和互补，还有效提高了乡村生态旅游地的竞争力和吸引力。

公私合作经营模式是一种有效的乡村生态旅游经营方式，可以实现乡村生态旅游地的可持续发展，促进当地经济的繁荣。在实践中，我们应该进一步完善公私合作机制，提高民间企业的合作意识和能力，为乡村生态旅游的发展创造更加有利的环境和条件。

（三）绿色经营模式

乡村生态旅游经营强调保护环境、可持续发展和地方文化的融合。在这种模式下，乡村旅游企业高度重视环境保护、资源合理利用和生态文明建设。

1. 绿色经营模式注重环境保护

在乡村生态旅游经营过程中，需要采取一系列的措施来减少对环境的影响。例如，建立完善的垃圾分类和处理系统，提倡游客自带环保餐具和水杯，并在旅游路线中设立环保提示标识，引导游客爱护自然环境，减少人为破坏。

2. 绿色经营模式强调资源合理利用

乡村生态旅游地通常拥有丰富的自然资源和人文资源，经营者需要通过精细化管理和规划，合理利用这些资源，实现可持续发展。例如，科学规划游览线路，合理安排游客流量，减少资源过度开发和消耗。另外，还可以开展特色农产品生产和销售，促进乡村经济发展，增加居民收入。

3. 绿色经营模式注重生态文明建设

乡村生态旅游应该加强环境教育，提高游客的环保意识和环保素养。乡村生态旅游地可以通过组织环保宣传活动、开展环境保护知识培训等方式，引导游客养成绿色生活方式。经营者应该与当地政府、社区组织等合作，开展环境保护和生态保育项目和行动，推动乡村生态旅游可持续发展。

绿色经营模式注重环境保护、资源合理利用和生态文明建设，可以实现乡村生态旅游的可持续发展，实现经济效益和社会效益的双赢。乡村生态旅游企业应该采取切实可行的措施，推动绿色经营模式的实施，为乡村生态旅游的发展贡献力量。

（四）体验式旅游经营模式

体验式旅游经营模式是一种以游客的体验感受为核心的经营方式，通过提供丰富多样的体验活动和服务，吸引游客参与其中，从而实现经济效益和旅游地可持续发展的目标。

1. 体验式旅游经营模式注重创造独特的旅游体验

乡村生态旅游地要充分挖掘自身的文化、历史、自然和人文等旅游资源，通过开展丰富多样的体验活动，让游客能够参与其中，感受乡村的风土人情和特色文化。例如，在农耕体验活动中，游客可以亲自动手体验农田耕作的过程，感受农民的辛勤劳动；在传统手工艺制作活动中，游客可以亲手制作工艺品，体验传统技艺的乐趣。在体验式旅游中，游客能够获得独特的旅行记忆，激发他们对旅游地的兴趣。

2.体验式旅游经营模式注重参与性与互动性

乡村生态旅游地需要为游客提供丰富多样的互动活动，让他们积极参与其中，与当地居民和其他游客进行互动和交流。例如，组织农民市集，游客可以与农民交流农产品养殖、种植、加工等；举办传统文化表演，游客可以参与并感受当地的传统文化艺术；组织户外运动项目，让游客亲自体验乡村的自然环境与户外活动。这些活动可以增强游客的参与感和满足感，提升他们对旅游地的认同感和满意度。

3.体验式旅游经营模式注重个性化和定制化服务

针对不同的游客需求和偏好，乡村生态旅游地提供个性化的旅游产品和服务。例如，在餐饮方面，提供具有当地特色的美食和饮品，让游客品尝地道的乡村味道；在导游服务方面，导游可以根据游客的偏好和兴趣定制旅游线路等。这些个性化和定制化的服务能够有效地提升游客的满意度和忠诚度。

体验式旅游经营模式通过创造独特的旅游体验、开展注重参与性和互动性的活动、提供个性化和定制化服务，吸引更多的游客参与其中，推动乡村生态旅游地可持续发展。因此，乡村生态旅游地应该积极探索和推广体验式旅游经营模式，为游客创造更加丰富、深入的旅游体验。

四、乡村民宿建造与运营

（一）民宿设计与建造

在乡村旅游发展的背景下，民宿作为一种新兴的住宿形式，越来越受到游客的青睐。为了给游客提供舒适、温馨的住宿环境，民宿的设计与建造显得尤为重要。在民宿设计阶段，需要考虑以下五个方面。

1.民宿的建筑风格

根据乡村民宿的特点和定位，选择合适的建筑风格。乡村民宿的风格应该与当地的自然环境和地域特色相协调，可以采用传统的民居建筑风格，也可以融入现代元素，如结合木材、玻璃等材料，营造简约、自然的氛围。

2. 民宿的空间布局

在保持独立性和私密性的前提下，可以根据客房数量和游客的不同需求，进行合理的布局设计。应该充分考虑客房的采光、通风等因素以及公共空间和私人空间的划分，为游客提供舒适的住宿环境。

3. 民宿建筑材料的生态环保

选择绿色建材，如环保木材、无机材料等，减少对环境的影响。同时，在装修过程中，要尽量使用环保的装修材料和家具，杜绝使用含有害物质的装饰品。

4. 民宿的设施配置

为了提供更好的入住体验，民宿的设施设备也需要考虑到客户的需求。例如，可以配置舒适的床品、独立卫浴、空调、智能家居等，以满足不同客户的需求。

5. 细节处理

在建造过程中，需要注重细节处理。从立面设计到室内装修，每个细节都需要仔细考虑。注重民宿的色彩搭配、家具摆放等，为游客营造温馨的居住环境。同时，还应该考虑到交通、停车的便捷性等，确保游客的方便和安全。

在乡村旅游发展中，通过合理的建筑风格选择、空间布局、材料选择和设备配置等，可以打造出独具特色、舒适宜人的民宿，为乡村旅游的发展作出积极贡献。

（二）民宿运营管理

合理的运营管理可以有效提升民宿的服务质量，增加客源，提高经营效益。在民宿运营管理中，需要注意以下两个方面。

1. 制定明确的运营策略和规划

民宿作为旅游服务设施的一种，需要与目标市场进行有效对接。在制定运营策略时，应该考虑客户需求、市场竞争、旅游资源特点等因素，确定合适的运营目标和市场定位。同时，还需制定具体的运营规划，包括产品定位、价格策略、市场推广等，确保民宿的运营能够紧密衔接旅游市场。

2. 注重经济管理和风险控制

要建立健全的财务管理体系，确保经济运转规范和透明。同时，要制定合理的成本控制措施，降低经营成本，提高利润水平。此外，还需建立风险管理机制，以应对可能出现的突发事件和不确定因素，减少潜在经营风险。

（三）民宿服务与市场营销

在乡村生态旅游发展中，民宿不仅为旅客提供了舒适的居住环境，还能为他们提供独特的乡村体验。而要确保民宿的生存和发展，同时吸引更多客源，就必须提供优质的服务，制定有效的市场营销策略。

民宿的服务质量是保证客户满意度的关键因素。为了给客人提供更好的体验，民宿经营者应该注重每个细节。例如，舒适的床品和家具、干净整洁的房间、完善的设施设备、工作人员良好的服务态度。热情友好地接待、及时有效地解答客户问题以及贴心的服务都能够给客户留下良好的印象，提升他们的满意度，进而获得良好口碑和稳定客源。

民宿经营者应该了解目标客户群体的需求和偏好，有针对性地制定营销策略。例如，通过网络平台、社交媒体以及旅游节目等渠道广泛传播民宿的特色和优点，吸引更多的客户关注和预订。合作与联盟也是一种有效的市场推广方式。与当地旅游景点、旅行社和其他民宿等业界合作，互相推荐共同促销，可以扩大民宿的知名度和影响力，吸引更多客户选择入住。

民宿经营者应该关注客户体验，持续提高客户满意度。通过对客户反馈的收集和分析，了解客户的需求，并及时采取措施改进和优化服务。详细记录客户的反馈意见，并进行回应，展示出积极的态度和负责任的服务意识。同时，定期开展客户满意度调研，积极吸收客户的意见和建议，持续改进服务质量，提高客户满意度和忠诚度。

民宿经营者需要注重服务质量，提供良好的客户体验；制定精准的市场推广策略，吸引更多客源；持续改进和优化服务，提高客户满意度，这样才能够在竞争激烈的乡村生态旅游市场中脱颖而出，实现可持续发展。

第四章 乡村振兴战略的创新实践

第一节 特色种植

一、经济林种植

(一)经济林的概念及其特点

经济林是指供给经济所需原材料或产品的树木,其在乡村发展中具有重要意义。经济林的特点有以下四个方面。

1.经济效益高

通过科学合理的种植管理和技术措施,经济林可以高产丰收,从而带来可观的经济收益。例如,马尾松、桦木等木材树种是建筑和家具材料的主要来源,其经济价值很高;一些果树如苹果树、梨树等不仅产量高,还得到市场的广泛认可,从而为乡村带来丰收和经济增长。

2.有利于生态环境保护与改善

经济林种植可以增加树木的覆盖率,改善生态环境,减少水土流失和土壤侵蚀。经济林木材在生长过程中,可以吸收二氧化碳,释放出氧气,从而减少空气污染和改善空气质量。因此,经济林种植对于提升乡村生态环境质量具有积极意义。

3.促进农民增收和创造就业机会

经济林种植可以为农民提供更多的就业机会,如参与果树种植、木材加工等环节。经济林的成果也能够带动相关产业的发展,如木材加工、果品加工等,进一步增加农民的收入来源,提高农村居民的生活水平。

4.有助于乡村特色的塑造和农村文化的传承

通过推动某类经济林的种植，乡村可以形成独特的产业特色，吸引游客和外部投资者的关注。例如，某地区以茶树种植为特色，发展成知名的茶叶产地，不仅提升了乡村形象，还保留了传统的茶文化并传承给后代。

在乡村发展中，合理发展经济林种植具有重要的意义和潜力。推广适应当地气候环境的经济林种植，可以实现乡村经济的绿色、可持续发展，为农民增收、乡村振兴作出积极贡献。

（二）经济林的种类及其价值

1.果树

果树是经济林中最常见的一类。水果是人们餐桌上常见的食品，市场需求量大。种植各类果树，如苹果树、梨树、桃树、柿子树等，不仅可以满足市场需求，还可以为农民增加收入来源。果树还具有景观效果，能够提升乡村环境的美观度。

2.木材

木材广泛应用于建筑、家具、造纸等行业，市场前景广阔。种植各类木材树种，如松木、柚木、橡木等，不仅可以满足市场需求，还可以为农民提供丰厚的经济收益。木材在种植过程中需要定期修剪和保养，以确保木材的品质和数量。

3.竹子

竹子在建筑、家具、工艺品等方面都有广泛的应用。种植各类竹子品种，如毛竹、箬竹、剑竹等，可以提供丰富的竹材资源。与木材相比，竹子的生长速度较快，投入产出比也较高，因此种植竹子是一种较为经济有效的选择。

4.其他经济林

除此之外，还有其他经济林，如树脂、树胶、橡胶等。这些经济林也都具有较高的经济价值，能够为农民带来丰厚的收益。

经济林的种类丰富多样，不同的经济林具有不同的经济价值。种植经济林可以为乡村带来丰厚的经济效益，并提升乡村环境的美观度。合理选择种植经济林的种类，加强管理和技术，能够为乡村特色种植产业的发展提供有力支撑。

(三)经济林种植管理与技术

1.合理的种植布局

根据不同经济林的特性和生长习性，科学地确定种植布局，合理安排种植面积和间距，可以最大限度地发挥林木的生长潜力，提高产量和品质。合理的布局还可以提高经济林的抗病虫害能力，减少病虫害的发生和传播。因此，在经济林种植管理中，必须根据实际情况科学地进行布局规划。

2.科学的施肥管理

不同种类的经济林对养分的需求也不同，在施肥过程中必须根据经济林的营养特点和生长需求准确地进行施肥，确保经济林生长和发育所需的养分供应。还需要注意施肥时机和施肥量，避免浪费和养分过量，导致环境污染和经济效益降低。在经济林的施肥管理中，必须科学制订施肥计划，有针对性地进行施肥操作。

3.经济林的病虫害防治

由于经济林在生长过程中容易受到各种病虫害的侵害，因此在经济林种植管理中必须加强病虫害防治工作。要定期巡查经济林的病虫害情况，及时发现和处理病虫害的初期症状。要采取科学的防治措施，包括选择合适的农药进行喷洒，合理调整水肥管理，增强经济林自身的抵抗力。还可以采用生物防治和生态调控等综合措施，减少环境污染和生态平衡破坏。

4.经济林的修剪和采摘管理

修剪可以促进林木的生长和分枝，形成丰满的树冠，提高经济林的产量和品质。采摘管理涉及经济林商品化的过程，包括果实的采摘、分类和包装等。在修剪和采摘管理中，需要掌握合理的时间和方法，避免对经济林的生长和发育造成不利影响。

只有科学地进行经济林种植管理，才能实现经济林的高产高效和农民增收致富。因此，在实践中，要不断总结和创新经济林种植管理经验，提高管理水平，不断促进农村经济的可持续发展。

二、中药材栽培

（一）中药材栽培的概念及其特点

中药材栽培是指在特定土壤和气候条件下，有针对性地种植和培育中药材的农业生产方式。与野生中药材相比，中药材栽培具有许多独有的特点。

中药材栽培能够保证中药材的质量和稳定性。野生中药材受环境的影响较大，生长条件不稳定，药材的活性成分含量可能会有很大的波动。而中药材栽培能够在统一的环境条件下进行，种植者可以控制土壤肥力、灌溉水质以及防治病虫害，从而保证中药材的质量和稳定性。

中药材栽培具有高效性和可持续性。中药材栽培可以实现规模化生产，大面积种植和采收可以节约人力和时间成本。通过科学施肥和合理管理，中药材的产量也能得到有效提升。与此同时，中药材栽培还可以减少对野生资源的过度开采，保护生态环境，实现可持续发展。

中药材栽培可以促进农村经济的发展。中药材的市场需求越来越大，种植优质中药材能够带动农民增收致富。农村地区通过发展中药材产业，可以带动就业，促进农村经济转型升级。

中药材栽培是传承和发展中医药文化的重要途径。通过中药材种植和加工，可以传承和保护中医药知识，推广中医药文化，提高人们对中药材的认识和了解。

（二）中药材栽培技术

1.桔梗的栽培技术

桔梗喜欢温暖湿润的气候和充足的阳光照射，因此选择合适的种植地点和栽培季节很关键。通常选择海拔在800～1500米的山区作为种植地点，4～5月进行播种。桔梗对土壤的要求较高，喜欢肥沃疏松、排水良好的土壤，因此在种植前需要进行地力整理和施肥。桔梗的生长期较长，需要适时进行浇水和除草，并进行病虫害防治。

2.苦参的栽培技术

苦参对生长环境的适应性较强，适宜种植在山地和丘陵地区。苦参的栽培季节一般为春季和秋季，播种前需要进行土壤处理和消毒。苦参耐旱，但对土壤湿度有一定要求，要保持适度的湿润。及时进行杂草清除、病虫害防治也是保证苦参生长和产量的关键。

3. 黄芩的栽培技术

黄芩对土壤的要求较高，通常选择酸性土壤或中性土壤种植。播种季节一般为春季和秋季，要求土壤排水良好，并进行适量的施肥和浇水。另外，黄芩的采收时间很关键，一般在生长期结束后的晚秋至冬季进行采收。

中药材在栽培过程中，要注重选择合适的种植地点、合理安排栽培季节、进行土壤处理和施肥、适时进行浇水和除草、进行病虫害防治等。只有全面掌握和应用好这些栽培技术，才能有效提高桔梗、苦参、黄芩的产量和质量，为中药材的发展做出贡献。

（三）中药材栽培的产业价值和发展前景

中药材的产业价值体现在市场需求的稳定增长上。随着人们对健康养生重视程度的提升，市场对中药材的需求逐渐增加。中药材作为传统药材，拥有悠久的种植历史和丰富的功效，具有一定的独特性和优势。中药材不仅可以用于药品生产，还可以用于保健品、食品添加剂等领域，市场需求广泛且稳定增长。

中药材种植可以带动当地经济发展。在中药材种植过程中，需要进行土地开垦、施肥、浇水等一系列工作，这些工作都需要投入人力和建设相关农业设施。中药材种植产业的发展，可以增加农民的就业机会，提高当地居民的收入水平，推动农村经济的发展。

桔梗、苦参、黄芩等中药材的栽培技术也在不断创新和完善，这提高了中药材的产量和品质，进一步提高了中药材的市场竞争力。例如，在桔梗栽培过程中，科学合理地选择土壤和环境条件，采取适当的施肥和病虫害防治措施，可以有效提高桔梗的产量和质量。另外，结合现代科技手段，如无土栽培、水培技术等，可以进一步提高中药材的生产效益，提高中药材栽培的经济效益。

中药材栽培的发展前景是光明的。随着健康观念的转变和市场需求的增加，人们对中药材的需求将进一步扩大。同时，中药材作为一种特色产业，可以与旅游、养生等产业相互融合，形成多元化的产业发展模式，进一步提升中药材的经济价值和市场地位。

三、茶树种植

（一）茶树种植的概念及其特点

茶树种植是指将茶树作为主要种植物进行栽培、管理和采摘，以获取茶叶资源并进行加工销售的经济活动。茶树种植的主要特点包括以下四个方面。

1. 广泛分布

茶树种植在我国的许多地区都有进行，尤其是在亚洲地区的一些山区、丘陵地带和湿润地区，茶树种植十分普遍。这些地区的气候、土壤和环境条件都非常适宜茶树的生长，因此茶树得以大规模种植。

2. 投资和回收周期较长

茶树的生长速度较慢，种植者需长期投入时间和精力来进行栽培和管理。茶树种植通常需要3～5年才能初见成果，而优质茶树的生长周期甚至可以达到10年以上。在长周期的投资等待后，茶叶的收获量和质量都能得到有效保证。

3. 生态环境保护和资源可持续利用

茶树是一种适应性强、生命力旺盛的植物，能够适应贫瘠的土壤和高海拔环境。因此，茶树种植可以在脆弱的生态环境中进行，有助于保护这些环境的生态平衡。茶叶资源适宜进行加工和销售，具有良好的经济效益和社会效益。

4. 多元化

茶树种植可以根据不同地区的气候、土壤和种植技术的差异，种植出不同类型的茶叶。例如，绿茶、红茶、乌龙茶等不同种类的茶叶都可以通过茶树种植来得到。这种多元化的特点使茶树种植能够满足不同地区和消费群体的需求，促进市场的可持续发展。

在今后的发展中，应进一步加强茶树种植管理和技术创新，提高茶叶的品质和营养价值，推动茶叶产业的发展，实现茶树种植的产业价值。

(二)茶树的种类及其价值

按照发酵程度的不同，茶树可分为绿茶、红茶、乌龙茶和白茶等几类。其中，绿茶是不经过发酵的茶叶，保留了大部分茶叶的鲜味和香气，富含丰富的抗氧化物质，被广泛认为是一种健康饮品。红茶是经过充分发酵的，具有独特的红褐色和浓郁的口感，对于调节血液循环和促进消化有着显著功效。乌龙茶介于绿茶和红茶之间，既保留了绿茶的清香，又具有红茶醇厚的口感。白茶则是一种未经过较长时间发酵的茶叶，保留了茶叶的原汁原味，富含多种有益物质。

除了按照发酵程度划分，茶树还可以按照产地和品种进行分类。在我国，茶树的主要品种有龙井、碧螺春、铁观音等，每个品种都有其独特的风味和口感。同时，茶树也因地理和气候条件的不同，产生了不同的产地茶叶，如云南普洱茶、安徽黄山毛峰等。这些产地的茶叶多以产地命名，表现出土壤和气候对茶树生长和茶叶特殊风味的重要影响。

茶树的种类和品种多样化，使茶叶在市场上有着广泛的需求和价值。不同种类的茶叶适应不同的消费群体，可以满足不同口味的需求。绿茶清新、红茶浓郁、白茶原汁原味，使消费者可以根据自己的口味喜好进行选择。同时，茶叶也有独特的药用价值。茶叶中的多酚类物质具有抗氧化和防癌等作用，被广泛应用于食品、医药、美容等行业。此外，茶文化的兴起也为茶叶市场提供了更大的发展空间和潜力。

随着全球茶叶市场的扩大和茶文化的传播，茶树种植的产业价值和发展前景越来越受到重视。茶叶作为农产品中的高附加值品种，不仅可以带动农村经济的发展，还可以促进农民增收。茶叶的生产和加工过程需要较多的劳动力，为农民提供了更多的就业机会，促进了农村就业。同时，茶叶旅游和茶文化的发展也为乡村旅游和地方经济发展带来新的机遇。

(三)茶树种植管理与技术

1. 茶树的土壤管理

茶树喜欢轻酸性的土壤，种植者需要调整土壤的酸碱度，使其适应茶树的生长需求。此外，茶树对土壤的肥力要求较高，在土壤管理中，种植者需要合理施肥，并定期检测土壤养分水平，保持土壤的肥沃度。

2.茶树的病虫害防治

茶树常见的病虫害有茶蚜、茶红蜘蛛、茶毛虫等。为了防治病虫害，种植者需要定期进行病虫害监测，及时发现并采取相应的防治措施，如喷洒农药、清除病虫害源等。此外，茶树还容易受到气候变化的影响，如霜冻、旱灾等，种植者需要及时采取应对措施，以保护茶树的正常生长。

3.茶树的修剪与采摘

茶树需定期进行修剪，以保持树枝平衡生长，促进茶树的分枝和更新。在采摘过程中，种植者需要选择合适的采摘时间，以确保茶叶的品质。一般来说，早春采摘的茶叶质量最佳，所以种植者要密切注意茶树的生长情况，抓住采摘的最佳时机。

4.茶树种植的水管理

茶树对水分需求较高，需要土壤保持适度的湿润度。种植者需要合理安排灌溉，确保茶树的水分供应。此外，茶树在生长过程中，也需要适度的水分蒸发，因此种植者还需适时进行通风除湿，以保持茶树的最佳生长状态。

（四）茶树种植的产业价值和发展前景

茶树种植作为一项重要的农业产业，在我国乡村特色种植中占据着重要的地位。茶叶作为我国的传统饮品，具有悠久的历史和丰富的文化内涵，茶树种植也具有较高的产业价值。

茶树种植的产业价值体现在经济效益方面。茶叶是一种具有广泛市场需求的商品，具有较高的附加值，可以带动农民增收。茶叶在国内外市场上都具有较大的销售前景，尤其是高质量的名优茶叶备受消费者青睐，价格高昂。因此，茶树种植对于提高农民收入、增加农民财产具有积极的促进作用。

茶树种植也具有生态价值。茶树具有良好的抗旱性和抗病虫害能力，对改善乡村生态环境具有积极意义。茶园的建设可以增加绿化面积，改善空气质量，减少土壤侵蚀，为乡村生态环境的保护和修复提供了有效途径。

茶树种植还具有社会价值。茶园建设和茶叶产业的发展可以带动乡村经济发展，创造更多的就业机会，提高乡村居民的生活水平。茶叶文化是一种重要的非物质文化遗产，茶树种植可以促进传统茶文化的传承和发展，为乡村文化建设提供支持。

茶树种植的发展前景广阔。据统计，我国是世界上最大的茶叶生产国和消费国，茶叶产量和消费量一直保持较高的增长速度。随着对健康生活方式的追求和高品质生活需求的提升，人们对茶叶的需求将进一步扩大。因此，茶树种植有着良好的市场空间和发展前景，有利于农村经济的发展和乡村振兴的推进。

四、果蔬种植

（一）果蔬种植的概念及其特点

果蔬种植是指在农田、温室或其他合适的环境中，种植各种水果和蔬菜的过程。果蔬种植具有以下四个特点。

1. 高效生产

果蔬种植是一种高效的农业生产方式。通过科学合理的种植管理和技术手段，果蔬种植可以提高农田的产量和质量。种植者可以根据市场需求和消费者的偏好，选择适宜的品种和种植方式，从而实现高效生产。此外，果蔬种植也可以通过科技手段提高农作物的抗病虫害能力，减少农药的使用，实现绿色、环保的农业生产。

2. 品种多样性

果蔬种植具有丰富的品种选择和市场前景。水果和蔬菜种类丰富多样，涵盖了各种不同的口味和营养需求。例如，西红柿、黄瓜、萝卜、卷心菜等蔬菜以及苹果、梨、葡萄、草莓等水果，都是人们日常生活中不可或缺的食材。因此，果蔬种植具有广阔的市场前景，能够满足人们对健康、营养食品的需求。

3. 带动乡村经济发展

随着人们对生态环境和健康食品关注度的增加，乡村特色种植成为乡村振兴战略的重要组成部分。果蔬种植不仅可以带动农民增收致富，还可以吸引更多的游客前来观光、体验农业生产。同时，果蔬种植还能够促进当地农产品加工业的发展，提供就业机会，推动乡村经济繁荣发展。

4.有助于生态环境的改善

果蔬种植可以提供丰富的植物覆盖，并提高土壤保持能力，减少土壤侵蚀和水土流失。果蔬种植能够促进农田生物多样性，创造良好的生态环境。此外，果蔬种植还可以增加土壤的有机质含量，改善土壤质量，为后续的农作物生长提供良好的土壤条件。

在乡村振兴战略背景下，果蔬种植有着广阔的发展前景和重要的意义。为了实现乡村经济转型和农业可持续发展，需要加强对果蔬种植的科学研究和技术创新，提高果蔬种植的质量和效益。

（二）果蔬种植的种类及其价值

1.水果

常见的水果包括苹果、橙子、葡萄等。这些水果不仅可以作为饮食的补充，还具有丰富的营养价值。苹果富含维生素C和纤维素，可以增强人体免疫力和促进消化；橙子含有丰富的维生素B和钙，对保护视力和骨骼健康有益；葡萄含有丰富的抗氧化剂，能够预防癌症和心脑血管疾病。种植这些水果不仅能够满足人们对健康饮食的需求，还可以带动当地经济的发展。

2.蔬菜

蔬菜是日常饮食中必不可少的一部分，具有较高的市场需求。常见的蔬菜包括青菜、番茄、黄瓜等。青菜富含维生素K和叶酸，对血液凝固和新陈代谢具有重要作用；番茄含有丰富的番茄红素和维生素C，具有抗氧化和防止心血管疾病的作用；黄瓜中含有大量的膳食纤维和维生素E，对排毒和抗衰老有益。蔬菜种植不仅满足了人们对健康膳食的需求，还为当地农民提供了稳定的收入来源。

（三）果蔬种植管理与技术

1.科学施肥

科学施肥可以提供植物所需的养分，促进其生长和发育。在果蔬种植中，常见的施肥方式包括基肥和追肥。基肥主要在种植前施用,为植物提供必要的养分;追肥则是在植物生长期间施用,根据植物生长需要补充养分。科学施肥可以根据果蔬的生长周期和土壤的养分状况来确定施肥量,达到最佳的施肥效果。

2.灌溉技术

果蔬作物对水分的需求不同,因此需要制订合理的灌溉方案。常见的灌溉方式包括滴灌、喷灌和地渗灌等。滴灌可以准确地供给植物所需的水分,减少水分浪费;喷灌可以广泛覆盖地面,提高整体的湿度;地渗灌则可以将水分直接送达植物的根系。采取合理的灌溉技术,可以维持果蔬的适宜湿度,促进其正常生长和发育。

3.病虫害防治

病虫害对果蔬的生长和产量有着直接影响,因此需要采取有效的防治措施。在病虫害防治中,常见的方法包括物理防治、生物防治和化学防治。物理防治包括清理病虫源、隔离病虫害、改善通风等手段;生物防治是利用天敌和寄生菌来控制病虫害;化学防治则是通过合理使用农药来杀灭病虫害。在防治过程中,需要根据具体情况选择合适的防治方法,并注意药剂的使用安全和环境保护。

第二节　休闲农业

一、休闲农业的功能

(一)休闲农业的生态功能

休闲农业的发展促进了农田的保护和合理利用。在休闲农业开发过程中,农户需要对农田进行精心管理和维护,包括土地修复、水资源的合理利用以及农作物的科学种植。这些措施不仅有助于保护农田的生态环境,还能提高农田的产量和质量。

休闲农业的推广有利于保护生物多样性。传统的农业经营模式往往重视农作物的单一种植,容易导致土壤侵蚀和生物多样性的丧失。而休闲农业的发展更加注重农田多样性和生态景观构建。例如,一些休闲农业基地引入了特色农作物,以增加农田的植物物种和动物种类,提高农田生态系统的稳定性和抗干扰能力。

休闲农业在水资源的合理利用方面也发挥着积极作用。随着城市化进程的加快,人们对水资源的需求越来越大,农田灌溉水也成为供给问题的“瓶颈”。而休闲农业的发展可以通过改进农田灌溉设施和节约水资源的方式,降低农业对水资源的消耗,从而保护水资源的可持续利用。

休闲农业作为一种创新的农业经营模式,不仅能够满足人们对农村风光和农田体验的需求,还能够发挥重要的生态功能。通过促进农田保护、增加生物多样性和合理利用水资源,休闲农业有助于改善环境质量,保护生态系统的稳定性和可持续发展。在今后的休闲农业发展中,应进一步加强对生态功能的重视,营造更加环保和可持续的农业发展环境。

(二)休闲农业的社会功能

休闲农业为城市居民提供了回归自然、放松身心的场所。在现代都市生活的快节奏下,人们越来越追求身心的健康与平衡。休闲农业以其独特的自然环境和农村景观,为城市居民提供了远离喧嚣的天然避难所。人们可以在田园风光中感受大自然的美妙,摆脱压力和疲劳,使心灵得到慰藉和放松。

休闲农业为社会提供了丰富的农业文化体验和农村生活体验。在休闲农业的发展中,农户经营者积极创造了各种农耕体验项目,如农作物采摘、动物喂养、农业技能学习等,让游客近距离接触农田、农作物,体验农村生活,加深其对农业文化的认知。这种农业文化体验不仅丰富了游客的休闲时光,还让城市居民和农村居民之间建立了更为紧密的联系,促进了城乡一体化的发展。

休闲农业为农村地区的经济发展提供了良好的支撑。农村地区的休闲农业开发不仅让农民获得了额外的经济收入,还创造了大量的就业机会。农产品销售、客房出租、餐饮服务等产业链的发展,不仅提高了农民的收入水平,同时还促进了当地农副产品的销售和农村旅游的繁荣。通过发展休闲农业,农村地区的经济得以发展,农民的生活质量得到了改善。

休闲农业也强化了社会对农业和乡村的保护和重视。休闲农业的发展需要保持农村的自然生态和传统文化,因此在休闲农业的开发中,对农田、农村景观的保护很重要。此外,休闲农业的热潮引起了社会对农业的重视,通过休闲农业的推动,人们更加了解农业的重要性,提高了对农业的认同感和关注度,进一步促进了农业的可持续发展。

(三)休闲农业的经济功能

休闲农业能够促进农村地区的经济增长和就业机会的增加。随着城市人口对休闲活动的需求不断增加,越来越多的游客纷纷涌向农村地区,体验和享受大自然的乐趣。这为农村地区创造了大量的就业机会,如农家乐、农产品销售、农田观光等,既提高了当地农民的收入水平,又促进了农村经济快速发展。

休闲农业能够带动农村地区的农产品销售和农业产业链的发展。休闲农业不仅为游客提供了休闲娱乐服务,还为游客提供了丰富的农产品购买渠道。例如,一些休闲农业基地开设了农产品直销店,供应新鲜的农产品和农副产品,吸引游客购买。这种模式不仅能够提高农产品的销售率,还能够增加农产品的附加值,进一步推动农产品加工和农业产业链的发展,为农民创造更多的商机,增加经济收益。

休闲农业还能够提升农村地区的可持续发展能力。在休闲农业发展过程中,需要注重环境保护和资源的合理利用。例如,建设休闲农业基地时要保持农田生态平衡,合理利用农田资源,使其既能够满足游客的需求,又能够保护农田的生产力。同时,还需要注重农村地区公共设施的建设和服务的提升,为游客提供更好的体验。这些举措不仅能够满足游客对休闲的要求,还能够保护农村的环境和资源,提高农村地区的整体发展水平。

二、休闲农业的资源

(一)生产资源的利用

休闲农业不仅为消费者提供了休闲娱乐的场所,还促进了农业生产与休闲产业的结合,实现了资源的双重价值。

1.个体农户

个体农户可以发挥自身农业资源的优势,将农田、果园、养殖场等转变成具有休闲功能的地方。通过合理规划和布局,个体农户可以将一部分土地用于种植特色农产品,同时利用剩余土地开展休闲农业。例如,在果园中设置采摘活动区、露营场地、农家乐等,可以吸引众多游客前来体验农业生产的乐趣和感受农村的独特风情。

2.农户与农户合作

对多个农户进行资源整合,可以形成更大规模的休闲农业项目。例如,几个农户合作,共同经营一个农庄,利用各自的生产资源,打造出一个集生态农业、休闲娱乐、农产品销售等于一体的多功能休闲农业园区。这种模式不仅能够适应更大规模的休闲农业需求,还能够实现农户之间的资源互补和风险共担,提高农户的综合效益。

3.公司与农户合作

通过与农户合作,公司可以利用自身的品牌和资源优势,帮助农户进行规模化经营和市场拓展。例如,一些农业公司与农户合作,共同投资建设农业主题公园,通过丰富多样的休闲农业项目和精心设计的农产品推广活动,吸引客源,带动当地农业发展。

在休闲农业开发中,生产资源的利用是基础和关键。无论是个体农户、农户与农户的合作,还是公司与农户的合作,都需要充分利用生产资源,在开展休闲农业的同时,实现农业的增效和保障农户的收益。只有如此,才能够促进休闲农业的可持续发展,提高农村经济的发展水平。

(二)生活资源的整合

生活资源的整合主要是指将休闲农业与农村生活的各种元素有机结合起来,为游客提供丰富多样的体验和服务。

1.农村的自然环境

农田、山水、花果林等自然景观成为吸引游客的亮点。游客可以在田间地头感受大自然的美好,欣赏农村的风景,体验亲自采摘水果的乐趣。结合田园风光主题活动,如野外烧烤、露营等,不仅增加了游客的参与度,还丰富了休闲农业的内涵。

2.农村的文化资源

丰富多彩的传统文化活动为游客提供了与当地百姓交流互动的机会。传统手工艺品的展示、农民画的创作、民俗节庆的呈现等都成为游客了解农村文化的窗口。农村民俗的传承和发扬是休闲农业的重要任务之一。通过参与农村文化体验活动，游客可以亲身参与农村的婚嫁、民族舞蹈、戏曲演出等，感受传统文化的魅力。

3.农村的特色产品和农户的生活方式

农户通过开展农家乐、农产品销售、农村旅游等形式，将自己的生活方式和特色产品推向市场，为游客提供独特的体验和购买选择。游客可以品尝到新鲜的农产品、享用农家饭菜，体验乡村的质朴生活。农户还可以通过开展农庄酒店、民宿等形式，为游客提供舒适的住宿环境，让游客在农村感受宁静与舒适的生活方式。

4.农村的社区资源

社区是休闲农业发展的重要载体，社区居民积极参与休闲农业的规划与运营，为游客提供周边的配套服务和社交活动。游客可以与当地居民交流，了解他们的生活方式和文化习俗，加深与农村社区的互动。

（三）娱乐资源的创新

提供多样化的娱乐活动，可以吸引更多的游客，提高农业旅游的吸引力和竞争力。因此，如何创新娱乐资源成为休闲农业开发模式中的关键问题。

创新娱乐资源需要从多个方面入手。一方面，可以通过丰富多样化的农业体验活动来吸引游客。例如，组织农场游览、采摘体验、动物观赏、自然教育等活动，让游客亲身参与其中，感受大自然的魅力。另一方面，可以开展各种有趣的娱乐活动，如农民市集、农民竞技比赛、农事体验等，打造欢乐互动的农业娱乐场所。

创新娱乐资源需要注重与当地文化的结合。在休闲农业发展过程中，只有充分利用当地的文化资源，才能更好地吸引游客。可以通过传统农耕文化体验、农俗表演、农村民俗展览等方式，展示当地的特色文化，并融入娱乐活动中。这样不仅可以增加游客的参与度，还能提升休闲农业的文化内涵。

创新娱乐资源需要关注生态环境保护。休闲农业与自然环境是密不可分的，在开展娱乐活动的同时，必须注重生态环境保护。可以通过建立环境教育基地、推广环保理念、引进生态农业等方式，将娱乐与环保相结合，实现可持续发展。

创新娱乐资源需要注重市场需求和游客体验。在开发娱乐项目时，要紧跟市场需求的变化，了解游客的兴趣和偏好，不断调整和更新娱乐活动内容。同时，要关注游客的体验感受，提供舒适便捷的环境和服务，使游客能够获得愉快和难忘的体验。

三、休闲农业的客源市场

（一）城市居民市场

随着城市化进程的加快，城市居民的生活方式发生了转变，对于休闲娱乐、绿色生态环境的需求逐渐增加。休闲农业作为一种能够满足城市居民需求的旅游方式逐渐兴起，并受到越来越多的城市居民的喜爱。

1. 为城市居民提供身心放松的机会

城市居民长期以来承受着高强度的工作与生活压力，迫切需要一种方式来缓解压力，放松身心。休闲农业为城市居民提供了远离喧嚣、走进自然的机会。他们可以在农田里漫步，欣赏田间地头的美景，感受大自然的宁静与美好。这种与大自然亲密接触的体验，不仅可以使城市居民暂时忘却烦恼，还能够为其带来内心的平静与满足。

2. 激发城市居民的兴趣与好奇心

对于大部分城市居民来说，他们从小生活在现代都市的环境中，对农业生产和乡村文化了解有限。而参与休闲农业活动，他们不仅可以近距离观察农业生产的全过程，还可以亲自参与农事活动，体验耕耘的快乐。这种亲身参与的体验使城市居民可以更加深入地了解农业生产，并对农村的文化、传统有着更为深刻的体验和认识。

3. 为城市居民提供农产品购买渠道

随着人们对健康饮食和绿色食品需求的不断增加，越来越多的城市居民开始关注食品安全与质量。而休闲农业为他们提供了一个直接购买优质农产品的渠道。城市居民可以亲自选择并购买到种植于自然环境中的农产品，从而保证了食品的安全和健康。

（二）企事业单位市场

企事业单位市场作为休闲农业的一个重要客源市场，具有广阔的发展潜力。随着生活水平的提高和生活节奏的加快，越来越多的企事业单位开始关注员工的休闲生活，为其提供独特的休闲方式，进而提升员工的生活质量和工作效率。

休闲农业作为一种新型的休闲娱乐方式，对于企事业单位的员工来说，具有独特的吸引力。通过参与休闲农业活动，员工能够体验农田、农作物和农村文化，感受大自然的美好。这种亲近自然的体验不仅能够缓解员工的工作压力，还能够增加他们对大自然的了解和热爱，从而形成积极向上的心态和情绪。

休闲农业提供了一种有益健康的休闲方式，对于企事业单位的员工来说尤为重要。在现代社会，身体健康已经成为人们关注的焦点之一。休闲农业不仅可以使员工远离繁忙的城市生活，呼吸新鲜的空气，还可以通过农场活动和户外运动使员工增强身体素质。这有助于提高企事业单位员工的工作效率和减少因疾病导致的人力资源浪费。

休闲农业可以激发员工的创造力和团队合作精神。在休闲农业活动中，员工可以参与农田管理、农产品加工和农村文化传承等活动，这种亲自动手的经历对于培养员工的创新思维、团队沟通和协作能力具有重要意义。通过参与这些活动，企事业单位的员工可以更好地理解团队合作的重要性，培养积极向上的工作态度，从而为企事业单位的发展作出更大的贡献。

休闲农业的发展离不开企事业单位与农户或农业公司的合作。只有企事业单位与农户或农业公司加强合作，才能够有效地整合农村资源，提供高质量的休闲农业产品和服务。双方的合作可以在市场开发、农产品供应、设施建设和宣传推广等方面实现互利共赢，共同推动休闲农业可持续发展。

（三）学生团体市场

1. 群体消费

在学校和社团组织的引导下，学生往往以集体的形式参与休闲农业活动，如集体采摘、农田体验等。这种群体消费不仅能够增强学生之间的交流和互动，还能够使学生体验更多的参与感和乐趣。休闲农业经营者在开发学生团体市场时，应注重提供适合团体活动的项目和设施，如团建活动、团体采摘套餐等，以吸引更多的学生团体来体验。

2. 教育意义

休闲农业作为一种融合了农业生产、农村风情和休闲娱乐的形式，能够为学生提供接受农业知识教育和体验农村文化的机会。通过参与农作物种植、农产品加工等活动，学生能够了解农业的生产过程和环节，并增强对农产品的认识和对乡村发展的关注。学生团体的到来也增加了当地农民的收入，如向学生团体销售农产品或提供农家乐服务。因此，休闲农业经营者在开发学生团体市场时，可结合教育元素，提供有趣且具有教育意义的体验项目，如农业知识讲座、农村文化展示等。

3. 市场潜力

随着社会发展和教育观念的改变，越来越多的学校和机构重视对学生综合素质的培养，并将休闲农业作为一种有效的教育手段。学生团体市场未来发展前景广阔。面对市场潜力的挖掘，休闲农业经营者可通过与学校、教育机构建立合作关系，进行定向推广和宣传，吸引更多的学生团体来参与休闲农业活动。

（四）外地游客市场

外地游客市场是休闲农业开发中一个重要的客源市场。随着旅游业的快速发展，越来越多的人选择外出旅游，而休闲农业作为一种结合了农业和旅游的新兴产业，吸引了大量外地游客的关注。外地游客市场的兴起，为休闲农业的发展提供了广阔的空间和机遇。

外地游客市场的扩大带动了休闲农业的发展。休闲农业的主要吸引力之一就是其独特的农村景观和深厚的乡土文化。外地游客常常对城市繁忙的生活习惯和压力感到厌倦，他们渴望能够远离城市喧嚣，去感受一下农村的宁静与美丽。休闲农业正好满足了他们的需求，为他们提供了一个亲近大自然、体验农事活动的机会。所以，外地游客市场的不断扩大，推动了休闲农业蓬勃发展。

在休闲农业发展中，不同的开发模式应运而生。例如，个体农户模式是指农户自己独立经营休闲农业项目；“农户＋农户”模式是指多个农户共同合作经营休闲农业项目；“公司＋农户”模式是指休闲农业公司与农户合作经营休闲农业项目。这些不同的开发模式，提供了多样化的休闲农业体验，激发了外地游客的兴趣。对于外地游客来说，他们可以选择参与不同的农事活动，品尝各种农产品，还能够了解当地的风俗文化。这种多样性和互动性的活动，使休闲农业在外地游客市场中具有很大的吸引力。

随着外地游客的涌入，休闲农业项目所带来的收入不断增加。外地游客在休闲农业项目中的消费往往不局限于参观和体验，还包括餐饮、购物等方面。这些消费不仅为个体农户、农户合作社和休闲农业公司带来了可观的经济收入，还促进了当地农村的产业升级和经济发展。

四、休闲农业的开发模式

（一）个体农户模式

个体农户模式是休闲农业一种常见的开发模式。在这种模式下，个体农户独立进行休闲农业的开发与经营。他们利用自己的农田和资源，将农业和休闲娱乐相结合，为来访者提供丰富多样的体验和服务。

个体农户模式的典型特点是土地的私人所有权。农户拥有自己的土地，可以自主决定如何开发利用，这让他们能够更加自由灵活地进行休闲农业的经营。他们可以根据市场需求不断调整经营项目，创新体验内容，以满足消费者的需求。

在个体农户模式下，农户可以选择种植各种不同的农作物，如水果、蔬菜、草莓等，也可以养殖家禽、养鱼等。他们还可以发展观光、农家乐、采摘等业态，为游客提供与大自然亲近的机会。这些活动除了能满足游客的休闲娱乐需求，还为农户提供了新的收入来源。

个体农户模式的另一个特点是经营的灵活性和个性化。由于个体农户可以自主决策，他们可以根据自己的兴趣爱好和专长来开发经营项目。有些农户擅长餐饮，他们可以开设农家乐，为游客提供美味的农家菜；有些农户对养殖更有经验，他们可以发展“农户＋农户”模式，与其他农户合作养殖家禽等。这种个性化的经营方式不仅能够提高农户的创造力和竞争力，还能够为游客提供更加多元化的体验选择。

个体农户模式的成功经验是多方面的。首先，农户需要准确把握市场需求，针对不同的消费群体进行专业化的运营和服务。其次，农户需要注重产品的质量和品牌塑造，建立起良好的信誉和口碑。最后，农户需要通过多样化的营销手段和渠道来扩大知名度和影响力，如社交媒体、线上线下的推广活动等。

然而，个体农户模式也面临着一些挑战，如市场竞争加剧、政策环境不稳定等。因此，在推广和发展个体农户模式的同时，应加强相关政策的支持和引导，提高农户的综合素质和管理水平，推动休闲农业可持续发展。

（二）"农户＋农户"模式

"农户＋农户"模式是休闲农业的另一种开发模式，它通过农户之间的合作与协作，共同参与休闲农业项目的规划、建设和运营。这种模式的基本原理是通过整合多个农户的资源和优势，实现规模效益和资源优化利用。

在"农户＋农户"模式下，多个农户可以共同开展休闲农业项目，每个农户可以按照自身的农业特色和资源条件来贡献自己的农业产品或者提供服务。这种模式充分发挥了各农户之间的互补作用，实现了资源的共享与充分利用。

"农户＋农户"模式可以实现资源共享。不同农户可能拥有不同类型的农田、农作物、养殖业等资源。通过合作，农户之间可以相互分享资源，实现农业生产的互利共赢。例如，一个农户拥有大片的果园，而另一个农户有养殖场，他们可以共同开展果园采摘、养殖观光等休闲项目，相互补充资源，提供多样化的农业体验。

"农户＋农户"模式可以实现规模效益。通过共同努力，农户可以共同投入资金、人力和物力资源，实现农业项目的规模化经营。例如，多个农户联合建设一个农庄，共同投资购置设施、购买设备，采取集中管理的方式，提高运营效率和经济效益。这样一来，农户可以分享共同的收益，相互支持与帮助，共同发展壮大。

"农户＋农户"模式可以提供多样化的服务。休闲农业的核心是为游客提供一系列与自然农业相关的体验活动，农户之间的合作可以丰富休闲农业项目的内容和服务。不同农户可以根据自身的特长和兴趣，提供不同的农业体验活动，如农田作业、农产品加工、农民市场等，为游客提供多样化的选择和体验。

在"农户＋农户"模式下，农户之间通过合作与协作，在休闲农业项目中共同参与，并实现资源共享、规模效益和多样化服务。这种模式为农户提供了发展和增收的机会，也为游客提供了丰富多元的休闲体验，进一步推动了休闲农业的发展与繁荣。

(三)"公司＋农户"模式

在休闲农业的开发模式中,"公司＋农户"模式是一种相对较为复杂的形式。这种模式通常发生在大型休闲农业企业与农户之间。以公司为主导,与多个农户进行合作,共同进行休闲农业项目的开发与经营。

"公司＋农户"模式是一种资源整合的方式。休闲农业企业通常具备较强的资金实力、专业化管理经验和市场推广能力,而农户拥有土地、农产品和文化资源等。公司通过与农户合作,可以充分利用双方的资源优势,实现资源的共享与整合。公司提供资金支持、技术指导和市场渠道,农户则提供土地、劳动力和农产品等。

"公司＋农户"模式具有较高的市场竞争力。休闲农业企业在运营过程中,往往拥有更为完善的服务设施和专业化的管理团队,可以提供更加优质的休闲农业产品和服务。与此同时,农户通过与公司合作,不仅可以分享到公司的经验和技术,还可以借助公司的品牌影响力和市场渠道进行产品销售。这些优势使"公司＋农户"模式在市场竞争中更具竞争力。

"公司＋农户"模式在休闲农业项目的规模化和标准化方面具有一定优势。休闲农业企业通常具有专业的项目规划和管理能力,使休闲农业项目能够更好地符合市场需求和消费者的期望。同时,公司通过标准化运营,还可以提高产品质量、服务水平和管理效率,进一步推动休闲农业的发展。

在合作过程中,公司和农户之间可能存在利益分配不均、合作关系不稳定等问题,这需要通过合同约束和协商解决。农户自身的限制和条件,如资金、技术和管理能力等方面的不足,也会影响"公司＋农户"模式的实施效果。

第三节　家庭农场

一、家庭农场概述

(一)家庭农场的定义与类型

家庭农场是指由一家人或者家族自主经营的农业生产组织,利用自有的土地和劳动力，以家庭为单位进行农业经营活动。

家庭农场的类型多种多样，主要取决于农业生产的特点和区域的地理特征。基于农产品生产的家庭农场，以种植业、养殖业和渔业为主要经营内容，为周边社区和城市居民提供丰富的食品资源。基于农业旅游的家庭农场，注重农业与旅游的结合，通过提供休闲娱乐、观光旅游等服务，吸引游客前往农场参观、体验农耕文化。还有一些家庭农场主要从事农业技术研发和创新，以技术创新为核心驱动力，通过科技手段提升农业生产效益。

家庭农场的共同特点是注重家庭成员的参与和劳动。家庭农场与传统大型农场相比具有更加灵活的经营方式和组织结构。家庭农场以家庭为单位，家庭成员相互合作，分工协作，在农业生产过程中充分发挥各自的优势。家庭农场还注重农业的可持续发展，具有环保意识，注重农业资源的合理利用，并减少农药使用，以实现农业可持续发展的目标。

在乡村振兴的推动下，家庭农场作为一种创新的农业经营模式，不仅能够满足人们对农产品的需求，还能够实现家庭农业的可持续发展。家庭农场的定义与类型的多样性为乡村振兴提供了更多的可能性，也为农村地区的经济发展注入了新的活力。因此，在实施乡村振兴战略过程中，应该充分发挥家庭农场的优势，进一步完善相关政策，促进家庭农场的发展，推动农业的现代化和乡村经济的繁荣。

（二）家庭农场的组织结构

家庭农场作为乡村振兴的一种创新实践形式，在其组织结构方面呈现出一定的特点。家庭农场的组织结构主要包括家庭成员、管理团队以及合作伙伴等。

1. 家庭成员

家庭农场通常由一个或多个家庭组成，家庭成员之间通常具有血缘关系或亲属关系。家庭成员在家庭农场中有着不同的职责和分工，包括经营农田、饲养家禽家畜、生产农产品等。在家庭农场的组织结构中，家庭成员紧密合作，形成了一种稳定的经营关系，共同为家庭农场的发展和经营付出努力。

2. 管理团队

管理团队是指负责家庭农场日常管理和决策的一群人员。管理团队通常由家庭成员中的领导者、专业人员以及农业技术专家等组成。领导者通常是家庭中具有农业经验和农业管理能力的人员，他们负责农场的整体规划和决策。专业人员和农业技术专家则负责提供农业技术支持和农业管理咨询，帮助家庭农场解决生产、经营等方面的问题。

3.合作伙伴

合作伙伴包括农业合作社、农产品加工企业、农资供应商等。家庭农场通过与合作伙伴建立合作关系，可以获得更多的技术支持、市场渠道和资源，同时还可以降低生产成本、扩大经营规模。合作伙伴与家庭农场之间形成互利共赢的合作关系，共同推动家庭农场的发展。

在实践中，家庭农场需要不断优化和调整组织结构，以适应市场需求和农业发展的变化，实现家庭农场的可持续发展。

二、家庭农场的成本控制

(一)家庭农场的成本分析

1.劳动力成本

家庭农场的劳动力成本是决定成本总体水平的重要因素。家庭农场的劳动力主要由家庭成员或雇用的工人组成，需根据实际工作量和工资水平进行合理的成本核算，还需要考虑到劳动力的数量和效率以及不同季节和作业类型对劳动力成本的影响。

2.原材料和农资成本

原材料包括种子、肥料、农药等，农资则包括农具、设备、农膜等。在成本分析中，需要综合考虑原材料和农资的采购成本、使用成本以及维护和更新成本，以确保成本控制的有效性。

3.土地成本

土地的租赁或购买费用、土地的耕种和管理成本等都对总体成本有着重要影响。此外，家庭农场还需要考虑土地的肥力和适宜度等因素，以提高土地利用效率，降低成本。

4. 运输和销售成本

运输成本包括农产品的采摘、包装、配送等环节的费用，而销售成本包括市场调研、宣传、销售等费用。在成本分析中，要根据家庭农场的特点和销售渠道的选择进行合理的成本核算，以提高销售效益。

（二）家庭农场的成本控制策略

1. 合理选择种植和养殖业务

家庭农场可以通过合理选择种植和养殖业务来优化成本。在选择作物种类或养殖品种时，要充分考虑市场需求、价格波动和生产能力等因素，选择高产高效的作物或品种。此外，根据不同地区和季节的气候条件，进行科学合理的轮作和种养组合，以减少农资成本和饲料消耗。

2. 加强生产管理

家庭农场应该加强生产管理，提高劳动力和资源利用效率。制订科学的生产计划，合理分配人力资源，并采用先进的农业技术和设备，以提高生产效益和劳动生产率。此外，合理利用自然资源，如水土、阳光等，减少浪费和损失，从而降低成本。

3. 注重产品附加值的提升

家庭农场应注重产品附加值的提升，通过加工、包装、品牌塑造等手段来增加产品的附加值。这样不仅能够提高产品的竞争力和销售价格，还能够提高农产品的市场份额，增加收入。同时，家庭农场还可以发展农家乐、农业观光等农旅融合产业，拓宽农产品的销售渠道，增加经营收入。

4. 注重成本效益评估和经验总结

家庭农场应定期进行成本效益评估，分析不同业务的成本结构和盈利能力，及时调整经营策略和控制成本。同时，还应积极总结和分享经验，不断推动家庭农场的发展和改进，提高成本控制的效果。

（三）家庭农场的成本效益评估

家庭农场的成本效益评估需要对农场的各项成本进行详细的分析。主要成本包括劳动力成本，耕地租金，种子、农药、化肥等生产要素的支出，以及设备、机械设施等固定资产投入的折旧和维护费用。通过对这些成本进行分析，农场管理者可以清楚地了解各项成本的比重和变化趋势，从而有针对性地进行管理和调整。

为了提高农场的成本效益，农场管理者可以采取一系列措施来降低成本。例如，农场管理者可以通过合理规划生产计划和生产方式，优化劳动力利用效率，降低劳动力成本；可以采取科学合理的施肥措施，减少农药和化肥的使用量，降低生产成本可以通过合理选择耕地租金、购买农资等方式来降低固定成本。通过实施这些成本控制措施，家庭农场可以提高经营效益，实现良好的经济效果。

通过对成本效益的评估，农场管理者可以全面了解农场的盈利能力、运营效率。在评估过程中，应同时考虑成本和效益的相互关系。只有进行合理的成本效益比较，农场管理者才能更好地进行经营决策，提高农场的经济效益。

三、家庭农场的经营特点与模式

（一）家庭农场的经营特点

1.经营管理更加灵活高效

家庭农场通常由家庭成员经营，相比大规模农场，家庭农场的经营决策更加迅速灵活，能够更好地应对市场变化和消费者需求的变化。这种灵活性使家庭农场在经营过程中更具竞争力。

2.成本控制能力相对较强

家庭农场经营面积相对较小，家庭成员直接参与主要劳动，减少了雇佣劳动力、设备租赁等成本。家庭农场可以灵活运用可再生资源，如农业废弃物和农田秸秆，进行有机肥料的制作，从而减少了外部成本。这种成本控制能力使家庭农场在市场竞争中更具竞争优势。

3.注重生态友好性

为了保护农田生态环境和提高农产品的质量安全，家庭农场通常采用有机农业生产模式。这意味着其在生产中较少使用化学农药和化肥，注重土壤保水保肥和生态循环，以实现农田生态的可持续发展。这种生态友好性不仅符合当代社会的环保要求，而且能够为家庭农场带来更高的农产品附加值。

4.强调精细化经营

家庭农场利用现代化技术手段，如物联网、大数据等，对农田、农作物进行实时监测和管理，以提高生产效率和产品质量。家庭农场还注重品牌建设和市场推广，通过加强农产品包装、营销渠道建设等措施，提高产品的市场竞争力。

家庭农场作为乡村振兴的重要组成部分，具有经营管理灵活高效、成本控制能力强、生态友好和精细化经营等特点。这些特点使家庭农场成为农村发展的重要路径之一，在推动农业现代化和乡村经济的发展中发挥着重要的作用。未来，我们应该进一步加强对家庭农场的支持和政策保障，促进家庭农场发展壮大，推动乡村振兴战略的实施。

（二）家庭农场经营模式的类型

1.分工协作型家庭农场

在这种模式下，家庭成员根据各自的特长和技能，在农场中分工协作。例如，有的家庭成员擅长种植，可以负责农作物的种植和管理工作；有的家庭成员擅长养殖，可以负责畜禽的饲养和管理工作。通过分工合作，家庭农场能够充分发挥每个人的优势，提高生产效率。

2.“农业＋旅游”型家庭农场

这种模式将农业与旅游业相结合，通过开设观光农场、农家乐等方式，吸引游客前来参观、体验农业生产。家庭农场可以提供农事体验、农产品购买等服务，同时为游客提供一种亲近自然、放松心情的休闲方式。这种经营模式不仅能够增加家庭农场的收入，还能够促进当地旅游业的发展。

3.农产品加工型家庭农场

这种家庭农场将自家农产品进行初加工或深加工，制作成各种农产品加工品。例如，将水果制作成果酱、果脯，将蔬菜加工成干蔬片等。通过加工处理，家庭农场可以增加产品附加值，提高产品的市场竞争力，从而实现更高的利润。

4.专业化经营型家庭农场

在这种模式下，家庭农场将重点发展某一种农业产品或农业技术，做到专业化生产。例如，专门种植某种瓜果蔬菜、养殖某种特色畜禽等。通过专业化经营，家庭农场能够形成自己的品牌优势，提高市场知名度。

（三）家庭农场经营模式的选择

1.选择专业化经营模式

在这种模式下，家庭农场专注于某一种农产品或某一农业领域的生产，通过专业化的产业链管理和市场推广，提高产品的品质和附加值。例如，某些家庭农场选择发展特色农产品，如有机蔬菜、特色水果等，通过建设农产品品牌和开拓线上线下销售渠道，打造具有竞争力的专业化农业经营模式。

2.选择多元化经营模式

在这种模式下，家庭农场通过结合多种农业生产和经营活动，实现资源利用和价值的最大化。例如，家庭农场可以将农业生产与农家乐、农产品加工、景区开发等结合起来，形成一条完整的产业链。这种多元化经营模式不仅能够增加经济效益，还能够提升农村地区的综合发展水平。

3.选择农业合作社经营模式

农业合作社模式通过组织多个家庭农场进行联合经营，实现资源共享、风险分散和经济规模效益。家庭农场加入农业合作社，可以共同采购生产资料、进行技术培训与交流，并通过整合市场渠道，共同销售产品、开拓市场。这种经营模式不仅能够提高家庭农场的竞争力，同时也促进了当地农村经济的发展。

4.选择农旅结合经营模式

随着乡村旅游的兴起，家庭农场可以通过提供农业体验、农事活动、农家乐等服务，吸引游客前来参观、体验农业生产。农旅结合经营模式不仅能够增加家庭农场的收入来源，还能够宣传当地的农业文化和乡村风貌，推动乡村振兴。

家庭农场在经营模式上具有多种选择。无论是专业化经营、多元化经营、农业合作社经营模式还是农旅结合经营模式，都具有其独特的优势和适应的市场环境。家庭农场应该根据自身的资源、优势和市场需求来合理选择经营模式，实现农业生产的可持续发展。

（四）家庭农场经营模式的创新

家庭农场经营模式的创新对于推动农村经济发展、增加农民收入具有重要意义。在实践中，家庭农场经营模式的创新主要体现在以下几个方面。

家庭农场可以通过多元化经营来创新经营模式。通过生产和销售多种农业产品，家庭农场能够实现规模效益和经济效益的提高。例如，在传统农产品种植的基础上，家庭农场可以引进养殖业、休闲农业等多种经营项目，以提供更多元化的产品和服务。这种多元化经营不仅有利于家庭农场利润的增加，还能够满足不同消费者的需求，提升产品的市场竞争力。

家庭农场可以通过创新合作模式来改变传统的经营方式。合作模式可以帮助家庭农场实现资源共享、风险分担和合作利益最大化。例如，家庭农场可以与大型农业企业、农民合作社等建立良好的合作关系，共同开展生产、销售和技术研发等。通过合作，家庭农场能够快速获取更多资源和市场渠道，提升经营效益和竞争力。

家庭农场可以通过技术创新来改变传统的生产方式。随着科技的不断发展，农业技术的应用在家庭农场的经营中起着越来越重要的作用。家庭农场可以借助大数据、物联网、无人机等先进技术，实现农业生产的智能化和精细化管理。通过技术的创新应用，家庭农场能够提高生产效率、降低生产成本，进而提高自身的竞争力。

家庭农场可以通过市场营销策略的创新来改进经营模式。家庭农场可以根据市场需求，制定差异化的产品定位和营销策略，以满足消费者的个性化需求。通过品牌建设、互联网销售等方式，家庭农场能够加强与消费者的联系，提升产品的知名度和美誉度。

（五）家庭农场经营模式的评估

家庭农场经营模式的评估是评判其经营状况和效益的重要手段。评估的目的是发现家庭农场经营模式中存在的问题和不足，从而寻找改进和优化的途径，提升经营绩效，实现可持续发展。

家庭农场经营模式的评估需关注以下四个方面。

1.家庭农场的市场竞争力

家庭农场在市场上的表现和竞争能力直接关系到其经营模式的成功与否。市场竞争力的评估可以从多个角度进行,包括产品质量、销售渠道、品牌形象等方面。通过与竞争对手比较,评估家庭农场在市场上的地位和优势,可以为农场经营模式的调整和优化提供依据。

2.家庭农场的盈利能力

盈利能力是衡量家庭农场经营模式成功与否的重要指标。评估盈利能力时,需要综合考虑收入、成本和利润等因素。收入来源的稳定性、成本控制的合理度以及利润率都是评估盈利能力的关键指标。对家庭农场盈利能力进行评估,可以确定经营模式的可行性,并有针对性地进行调整和改进,以实现更好的经济效益。

3.家庭农场的资源利用效率

资源利用效率直接影响家庭农场的生产效率和经济效益。评估资源利用效率可以从土地利用率、劳动力利用率、资金利用率等方面进行。提高资源利用效率可以降低经营成本,提高产出,实现可持续发展。评估资源利用效率,可以发现在资源利用中存在的问题和不足,为家庭农场经营模式的优化提供参考。

4.家庭农场的社会效益

作为乡村振兴产业的一部分,家庭农场的经营模式应该注重其社会效益。家庭农场的社会效益主要是指家庭农场对乡村社会发展、农民就业、农村环保等方面的贡献。评估家庭农场的社会效益,可以看到其对社会的正面影响,为家庭农场更好地发挥社会职能提供依据。

四、家庭农场生产管理

(一)家庭农场生产流程管理

家庭农场生产流程管理是实现高效、有序农业生产的重要环节。在家庭农场中,有效管理生产流程能够提高生产效率,降低成本,并确保产品的质量和安全。

1.合理规划和安排农业生产时间

在家庭农场生产流程管理中，合理规划和安排农业生产时间是至关重要的。家庭农场的生产季节性较为明显，根据不同作物的生长周期和市场需求，制订合理的生产计划。运用适当的技术手段和工具，如农业气象预测、土壤检测等，对作物生长的关键时期进行科学的预测和调控，以保障生产的顺利进行。

2.注重生产过程的标准化管理

标准化的生产过程可以有效降低由人为因素引起的生产误差，并提高产品的一致性和稳定性。家庭农场可以制定一套详细的生产操作规程，对每个生产环节进行标准化管理。例如，农作物的种植、灌溉、施肥、病虫害防治等环节都应按照规程进行操作，确保每一步都符合标准要求。

3.加强对生产过程的监控和调控

建立有效的监测系统，及时收集和分析有关生产过程的关键数据，如土壤水分、温度、光照等指标以及作物病虫害的发生情况。对于监测数据出现异常的情况，家庭农场应及时采取相应的调控措施，以避免潜在的生产风险和损失。

4.提供适当的培训和技术支持

通过培训，家庭农场成员可以了解最新的农业技术和管理方法，学习如何合理利用资源、减少浪费、提高生产效益。家庭农场可以与相关的农业科研机构、专家进行合作，共享先进的农业技术和管理经验，以提升生产流程管理的水平。

通过合理规划和安排生产时间、标准化管理、监控和调控以及提供培训和技术支持等措施，家庭农场能够实现高效、有序的农业生产，提高生产效率，为乡村振兴贡献力量。在未来发展中，家庭农场需要不断优化和完善生产流程管理，紧跟科技进步和市场需求的步伐，为实现农业现代化和乡村振兴注入新的活力。

（二）家庭农场生产质量管理

1.建立全面的质量管理体系

家庭农场可以通过建立全面的质量管理体系来确保产品的优质和安全。这需要从种植、养殖起始阶段就注重对品种选择、饲料饮水供应、环境卫生等因素的管理，以保证生产环境的优良和动植物的健康。家庭农场还应加强对生产过程的监控和检测，如定期抽检产品的农药残留、重金属含量等指标，及时发现和解决问题，确保产品符合国家标准和相关法规要求。

2. 加强技术培训和增强质量意识

家庭农场可以通过加强技术培训和增强质量意识来提高生产质量。有效的技术培训可以增加经营者的专业知识和技能，使其更加熟悉农业生产的要点和技术要求。培训还可以提高农民对农产品质量与安全的认识，使其更加注重产品的质量管理和食品安全。通过这种方式，家庭农场经营者可以更好地掌握生产过程中的关键环节，确保产品的质量稳定和安全可靠。

3. 借助市场反馈和消费者需求

家庭农场还可以借助市场反馈和消费者需求来持续改进产品质量。通过与消费者沟通，家庭农场可以了解消费者对产品的偏好和要求，从而有针对性地改进产品质量。家庭农场经营者可以根据市场需求调整生产方式、改进生产工艺，提高产品的口感、营养价值和安全性，以满足消费者的需求。家庭农场还可以构建自己的品牌形象，注重品牌价值和宣传，塑造质量可信赖的形象，进一步提升产品的市场竞争力。

（三）家庭农场生产效率的提升

家庭农场可以通过科学合理的作物种植布局来提高生产效率。在进行农作物种植时，要结合当地的气候、土壤等自然条件，选择适合的作物品种，并合理安排作物的植株密度。可以通过合理轮作和休耕，有效降低土壤的疲劳程度，提高土壤的肥力，从而提高作物的产量。

家庭农场可以运用现代农业技术手段来提高生产效率。例如，可以利用无人机或遥感技术对农田进行巡查和病虫害监测，及时发现并处理问题，避免产量损失。此外，还可以采用精确农业技术，如精确施肥、定量灌溉等，精细管理土壤和作物的生长环境，提高生产效率。

家庭农场可以加强对农业机械的利用，提高生产效率。农业机械的使用可以减少人工劳动，提高作业效率。家庭农场可以根据自身的经济状况和农田面积，合理选择和购买农业机械设备。例如,可以使用拖拉机和联合收割机等机械设备进行耕种、收割等工作,提高劳动生产率。

家庭农场可以通过合理的组织管理提高生产效率。例如,可以采用团队合作的方式,将不同家庭农场之间的农活计划和资源进行整合和优化,实现资源共享和互利。此外,科学合理的管理制度和流程也能够提高生产效率,如制订详细的工作计划、合理分工和协调作业,确保生产活动高效进行。

通过科学合理布局作物种植、应用现代农业技术手段、利用农业机械以及合理的组织管理,家庭农场能够实现生产效率的提高,为家庭农场的可持续发展和乡村振兴作出更大的贡献。

参考文献

[1]罗见.乡村振兴战略实施的关键路径和实践探索[M].南昌:江西人民出版社,2022.

[2]周作武.实施乡村振兴战略的理论与实践研究[M].湘潭:湘潭大学出版社,2021.

[3]袁建伟,曾红,蔡彦,等.乡村振兴战略下的产业发展与机制创新研究[M].杭州:浙江工商大学出版社,2020.

[4]顾保国,崔友平.人才振兴 构建满足乡村振兴需要的人才体系[M].郑州:中原农民出版社,2019.

[5]张德林,张海瑜,张鹏,等.中国乡村振兴 产业发展促进战略实施模式及实践案例[M].北京:中国农业大学出版社,2021.

[6]任晶,高雪峰,张毅.乡村产业振兴手册[M].天津:天津科学技术出版社,2022.

[7]陈丽.乡村振兴战略下的人才培养理论与实践[M].延吉:延边大学出版社,2020.

[8]龙文军,张灿强,张莹,等.乡村文化振兴的路径探索[M].北京:中国农业出版社,2022.

[9]康芳,杨文义,王静然.乡村振兴战略规划与实施[M].北京:中国农业出版社,2021.

[10]许维勤.乡村治理与乡村振兴[M].厦门:鹭江出版社,2020.

[11]杨志远,李娜,孙永健,等.基于能值的农业生态系统研究[M].成都:四川大学出版社,2022.

[12]耿树海,成雅君,李占平.乡村振兴背景下农村产业创新发展研究[M].长春:吉林出版集团股份有限公司,2021.

[13]侯立安,席北斗,黄彩红,等.乡村振兴绿色环境发展战略研究[M].北京:科学出版社,2023.

[14]黄国勤.振兴中的乡村生态经济[M].北京:中国环境出版集团,2020.

[15]张宁.乡村文化振兴的构建及有效形式探索[M].长春:吉林人民出版社,2019.

[16]李亚敏.新时代乡村振兴战略的实施策略研究[M].北京:中国商务出版社,2023.